Andre vanasse

# RÊVES
# DE GLOIRE

Notes et activités par

**Lucia Bonato**

*Professeur certifié de Langue et Littérature Françaises*

CIDEB

© 1995 Les éditions de la courte échelle inc., Montréal
© 1996, Cideb Editrice, Genova

Rédaction : Patricia Ghezzi
Conception graphique : Nadia Maestri
Illustration de la couverture : Mario Benvenuto

Première édition : février 1996


10   9   8   7   6   5   4   3   2   1

ISBN 88-7754-263-2


Imprimé en Italie par
Istituto Grafico Bertello, Borgo San Dalmazzo, Cuneo

# Introduction

## L'auteur

Né à Montréal en 1942, André Vanasse est professeur de littérature québécoise et de création littéraire à l'UQAM (Université du Québec à Montréal). Directeur de la maison d'édition XYZ et de la revue littéraire « Lettres québécoises », ce personnage au rire sonore et plein d'effervescence écrit aussi des romans et des essais. *Rêves de gloire* est son premier roman destiné aux adolescents.

## L'œuvre

En mélangeant la fiction et la réalité, André Vanasse a construit un récit plein de verve et de surprise. S'il joue bien son rôle de défenseur de la langue française dans cette oasis perdue dans le monde anglophone, son fils Alexandre, lui, écrit les textes de ses chansons en anglais.

Dans ce roman qui est, bien sûr, le fruit de l'imagination, les jeunes qui vivent au rythme de la musique vont se reconnaître. Cette histoire leur ressemble : ils y retrouveront les ambitions, les enthousiasmes et les déceptions d'un groupe de jeunes qui s'expriment dans la langue de leur âge et de leur pays ; c'est aussi une occasion pour se rendre compte que le français de France et celui du Québec ne sont pas si différents.

N.B. Vous trouverez dans les notes au bas de la page un certain nombre d'abréviations :
Qc = expression utilisée au Québec
fam. = registre familier
fig. = sens figuré
pop. = registre populaire
vulg. = registre vulgaire
arg. = mot argotique

*À Alexandre,*
*... Cette fois-ci, la fiction dépasse*
*la réalité!*
*Dommage, non?*

*À Papaul,*
*On peut s'appeler Paradis ou Paquin*
*ou Patenaude...*
*C'est du pareil au même.*

Le symbole 📼 indique les extraits enregistrés et les exercices d'écoute.

# Chapitre 1

## La naissance d'un groupe

Q UAND BRUNO S'ÉNERVE COMME ÇA, rien à faire, je  flippe [1]. Il devient rouge comme une tomate, sautille, danse, gesticule comme un fou. On dirait qu'il est pris de la danse de Saint-Guy [2]. Un gars [3] vraiment bizarre.

Quand vous allez apprendre pourquoi Bruno s'excite au point de faire un fou de lui, vous serez d'accord avec moi. Imaginez-vous qu'on vient d'écouter pour la douzième fois consécutive le « Blumine » de la symphonie numéro 1 de Gustav Mahler interprété par Seiji Ozawa. C'est ça qui l'emballe [4] autant.

Vous allez me dire :

— Minute, Alex, c'est qui ça, Gustav Mahler ?

Qui connaît ce gars-là ? Faut s'appeler Bruno Beaubien pour frayer avec [5] des musiciens dont personne n'a jamais entendu

---

1. **Flipper** : ici, perdre la tête, avoir peur.
2. **La danse de Saint-Guy** : maladie nerveuse caractérisée par des mouvements involontaires et irréguliers.
3. **Gars** (m.) : (fam.) garçon, type.
4. **Emballer** : (fam.) exalter.
5. **Frayer avec** : avoir affaire à, fréquenter quelqu'un.

parler. Alors j'ai fait ce que vous auriez fait et je lui ai demandé très poliment, avec déférence même :

— Aurais-tu la gentillesse de m'expliquer qui est ce « Gugusse [1] de Malheur » ? [2]

Il a répondu sans sourciller à mon jeu de mots facile :

— Un grand musicien du XIXᵉ siècle, d'origine autrichienne, né à Kalischt, en Bohême. Un disciple de Bruckner.

Tu parles d'une réponse ! J'ai failli lui demander s'il connaissait sa date de naissance, puis — pourquoi pas ? — le nom de sa première blonde [3]. Je n'ai pas osé parce que, maniaque comme il est, je suis sûr qu'il le savait. Des fois, je me demande pourquoi il refuse obstinément de faire partie des cracks [4] de l'équipe des Génies en herbe.

Mais pour revenir à Gustav Mahler, on a écouté sa musique pendant presque deux heures. C'était bon. Très bon même.

Je l'aime ce gars-là. Un peu romantique sur les bords, mais accrocheur [5] et tellement surprenant. Et quand on se laisse aller, c'est comme si on coulait au fond de l'eau. Ça fait du bien. Un plaisir, si je veux être bien franc, pas si différent de celui que j'éprouve quand j'écoute *The Matches*. Mais pas aussi fort tout de même. Faut pas charrier [6]. *The Matches*, il n'y a rien pour battre ça.

Autant vous le dire tout de suite. J'ai écouté le dernier disque de *The Matches* beaucoup plus que deux heures d'affilée [7]. J'ai une cassette vidéo sur eux que j'ai dû voir au moins deux cents fois. Alors est-il nécessaire de vous préciser que j'aime ce groupe-là comme c'est pas possible.

---

1. **Gugusse** (m.) : personne qu'on ne prend pas au sérieux, clown.
2. **Malheur** (m.) : jeu de mots qui repose sur la ressemblance des mots malheur et Mahler.
3. **Sa première blonde** : (Qc) sa première fiancée.
4. **Crack** (m.) : (anglais) as, quelqu'un de remarquable.
5. **Accrocheur** : qui retient l'attention, qui plaît.
6. **Charrier** : (fam.) exagérer.
7. **D'affilée** : sans interruption.

Vous allez comprendre alors que ce qui m'est arrivé mardi dernier avait de quoi me faire capoter [1]. J'étais dans la rue Bernard avec Bruno et Mélanie en direction du glacier *Palimpseste* quand j'aperçois — et je vous jure que c'est la vérité — Jean-Marc, le parolier et chef du groupe *The Matches*.

J'ai reculé d'un pas tellement j'étais surpris. Je ne pouvais pas le croire. Jean-Marc était devant moi. « Ça ne se peut pas. Ce n'est pas lui. » Je le regardais, la bouche grande ouverte.

Quand je suis ému [2], je deviens blanc et je n'arrive plus à parler. Les gens disent que je suis *cool*. C'est vrai. Je deviens comme gelé. De la glace. Je suis exactement le contraire de Bruno. Lui, il était écarlate. Je pensais qu'il allait éclater. Il était aussi surpris que moi, incapable d'ouvrir la bouche. Heureusement que Mélanie était avec nous. Elle a un front de bœuf. Elle s'est avancée vers lui :

— Vous ne seriez pas Jean-Marc, du groupe *The Matches* ?

Il a répondu gentiment :

— Oui, oui, c'est moi.

Alors Mélanie, comme si de rien n'était, avec un beau sourire, lui a confié :

— Si vous saviez comme ça nous fait plaisir de vous voir, mes amis et moi. On est des fans de votre groupe. Vous êtes nos idoles. Prendriez-vous un café avec nous ?

Et lui, sympathique comme je l'avais toujours imaginé, de lui répondre :

— Pourquoi pas ? J'ai un peu de temps devant moi.

Alors on s'est assis au *Palimpseste*. S'asseoir est un bien grand mot. J'avais l'impression de flotter [3]. Jean-Marc à la même table que nous ! J'aurais embrassé Mélanie, je l'aurais demandée en mariage sur-le-champ tellement je l'aimais.

Jean-Marc était là, il parlait simplement.

---

1. **Capoter** : (Qc, fam.) perdre la tête.
2. **Ému** : confus, touché par une émotion très profonde.
3. **Flotter** : rester à la surface de l'eau ou bien voltiger dans l'air.

À l'aise. Apparemment content de jaser [1] avec nous.

On l'a bombardé de questions. On voulait tout savoir. Lui, il répondait lentement, nous écoutait avec beaucoup d'attention. Puis, quand nous lui avons annoncé que nous venions de former un groupe, *The Nexxtep*, et que nous voulions, nous aussi, enregistrer des disques et connaître le succès, il n'a pas levé le nez comme d'autres l'auraient fait.

Il nous a plutôt encouragés. Mais juste au moment où il s'apprêtait à nous quitter, il nous a mis en garde. Je ne sais pas pourquoi il l'a fait, mais il nous a lancé :

— Faites attention. Dans ce métier, c'est plein de requins [2] qui n'attendent que la première occasion pour vous manger tout rond. Méfiez-vous des parasites.

J'avoue que, sur le coup, cet avertissement ne nous a pas beaucoup inquiétés. De qui pouvions-nous nous méfier, puisque nous n'étions que quatre dans le groupe et que nous étions tous égaux ?

L'entente est claire. Mélanie chante en s'accompagnant à la guitare électrique pour les accords de base. Bruno, lui, est véritablement le guitariste, tandis que Jean-François joue de la batterie. Moi, je suis à la basse électrique. Quant aux chansons, nous les composons en groupe. Une fois qu'une chanson est terminée, c'est moi qui la transcris en me servant de l'ordinateur de mon père.

Il n'y a jamais eu de chicanes [3] entre nous. Parfois, je suis un peu trop autoritaire. J'ai tendance à vouloir diriger tout le monde, mais je suis fait comme ça. Les autres le savent et l'acceptent (en gueulant [4] parfois !). De toute façon, je sais que je ne changerai pas de sitôt. Alors autant me prendre tel que je suis. C'est ce que font les autres, même s'ils se vengent de temps en temps en se liguant contre moi.

---

1. **Jaser** : bavarder, parler.
2. **Requin** (m.) : poisson très vorace et dangereux.
3. **Chicane** (f.) : ici, discussion, dispute, malentendu.
4. **Gueuler** : (fam.) protester à voix haute.

Dans ces moments-là, je ne dis rien. Ça fait partie du jeu. Je me tais pendant que l'orage passe, puis ensuite je reprends le gouvernail [1]. Il faut faire preuve de ruse [2] dans la vie, pas vrai ?

On répète [3] régulièrement depuis six mois. Au début, ça n'avançait pas très vite. Il fallait recomposer les chansons ligne par ligne, refaire les mélodies, les reprendre plusieurs fois pour aboutir à des résultats pas toujours heureux qui nous obligeaient soit à récrire des paroles, soit à retravailler la musique.

L'expérience n'a pas été facile. Des fois, on en a eu ras le bol. Mais ça fait partie du métier. Il faut apprendre. Mon père répète toujours avec son air doctoral : « Cent fois sur le métier... »

Mon père est professeur de littérature au cégep [4]. Comble de malheur, ma mère enseigne le français dans un collège [5] pour jeunes filles « bien ». Nous avons eu une engueulade monstre [6] quand j'ai décidé d'écrire des chansons en anglais pour mon groupe. Oh ! là ! là ! j'ai eu droit à un cours complet sur la chanson française.

— Tu devrais écouter Yves Duteil [7]. Tu verrais qu'on peut faire de très belles mélodies.

Et le voilà qui se met à me fredonner [8] « La langue de chez nous ». La chanson n'est pas mauvaise. Bien écrite, ça c'est sûr,

---

1. **Gouvernail** (m.) : sur un bateau, ce qui permet de régler la direction.

2. **Ruse** (f.) : finesse d'esprit, intuition, habileté.

3. **Répéter** : ici, refaire plusieurs fois un spectacle avant de le présenter au public.

4. **Cégep** (m.): au Québec, le collège d'enseignement général et professionnel correspond à un niveau d'études post-secondaire (après le baccalauréat).

5. **Collège** (m.) : établissement d'enseignement secondaire, correspondant au lycée français.

6. **Engueulade monstre** : discussion très animée.

7. **Yves Duteil** : chanteur français, auteur de *La langue de chez nous* qui est un hymne à la langue française.

8. **Fredonner** : chanter à mi-voix.

mais un peu trop racoleuse [1]. En fait, le problème n'est pas là. Le problème, c'est que ce n'est pas mon genre et que je n'ai pas envie d'imiter Duteil. C'est d'ailleurs ce que j'ai répondu à mon père.

— Qu'est-ce que tu veux, papa, je ne me sens pas très porté sur la chanson française. Moi, c'est plutôt le rock.

Mon père n'arrive pas à comprendre notre passion pour l'anglais. Il trouve que nous sommes à genoux devant la culture états-unienne [2] ! Il prétend que nous avons tous les outils pour créer notre propre répertoire. Et réussir !

— Pourquoi vous exciter à propos d'Elvis Presley, Fats Domino, The Everly Brothers, Little Richard et *tutti quanti* (il adore cette expression). Pourquoi voulez-vous reculer dans le temps à l'époque des *Hudson Hornet* et des *Buick Road Master*, au temps des voitures chromées et du « Brylcream », alors que vous pourriez créer des chansons bien de chez nous et connaître encore plus de succès.

Devant mon silence, il poursuivit :

— Tu devrais le savoir, Alex, que tu ne feras jamais le poids devant les vedettes états-uniennes. Tu ne pourras jamais aller plus haut que leur cheville. Les multinationales dominent le marché mondial. À leurs yeux, tu n'es qu'une poussière qu'ils balaieront bien vite sous le tapis. Tu perds ton temps, Alex, alors que tu pourrais peut-être faire avancer notre propre culture si tu voulais écrire en français.

Qu'est-ce que je peux répondre ? Je pense plutôt : « C'est possible que tu aies raison, papa, mais il se pourrait aussi que nous devenions des vedettes internationales. Pourquoi pas ? Ce qu'il faut, c'est du talent, du travail et un peu de chance... Nous y arriverons. »

\* \* \*

1. **Racoleur** : de propagande.
2. **États-unien** : des États-Unis.

# Chapitre 1 • La naissance d'un groupe

Malgré nos différends [1] sur la question de l'anglais, mes parents ont accepté que le groupe s'exerce dans notre sous-sol.

Mais pour obtenir cette permission, j'ai dû entreprendre une vraie ronde de négociations avec ma mère. Ma mère, ce n'est pas le roseau de la fable [2] de La Fontaine. Oh non ! On peut la plier aussi facilement qu'une barre d'acier. J'ai tout essayé : menace, chantage [3], séduction. À la fin, elle a cédé, probablement par épuisement [4], non sans lancer :

— À dix-sept heures précises, tu m'entends, à dix-sept heures précises, il faut que le silence règne dans la maison. J'accepte à cette seule condition. Si jamais tu y déroges, l'entente est rompue.

Après tout, ce n'est pas si mal. On aura tout l'après-midi pour répéter pendant que mes parents feront leurs courses. Le problème ? Réussir à réunir tout le monde à l'heure précise. Particulièrement Mélanie qui peut facilement dormir vingt-quatre heures d'affilée sans s'en rendre compte. Pour elle, se lever à quinze heures le samedi après-midi, c'est tout à fait normal.

En fait, non, ce n'est pas normal. Quand elle se lève, c'est parce que sa mère l'a réveillée. Sinon, elle dormirait jusqu'à... jusqu'à... la semaine suivante. Sans blague !

Sa mère a été aussi catégorique que maman. Elle ne veut absolument pas se charger de la réveiller. Elle prétend que Mélanie ne se lèvera pas et que c'est elle qui va s'inquiéter.

— Tu viendras toi-même, Alex. Moi, je démissionne avant même d'avoir essayé. Et surtout, n'essaie pas le coup du téléphone. Elle répond, mais je suis sûre qu'elle dort en parlant.

---

1. **Différend** (m.) : dispute, litige.
2. **Le roseau de la fable** : allusion à la fable de La Fontaine, *Le chêne et le roseau.* (Voir p. 20)
3. **Chantage** (m.) : le fait d'obliger quelqu'un à payer une somme ou à faire quelque chose en exerçant sur lui une pression morale.
4. **Épuisement** (m.) : fatigue.

Aussitôt la conversation terminée, elle ferme les yeux et replonge dans ses rêves. Il faut déjà que je la jette en bas du lit tous les autres jours de la semaine, je ne veux pas me charger de cette corvée le samedi.

Je n'ai pas d'objection. D'autant moins que Mélanie est toujours belle à voir. La beauté de Mélanie est « générale » (c'est le seul mot que j'ai trouvé à défaut de celui de « totale »). Je veux dire que Mélanie n'a pas que des yeux, des dents, des lèvres, des seins ou des jambes uniques, mais que tout chez elle est proportionné et réussi. Il n'y a rien qui cloche.

Sa beauté, quand j'y pense, est moins visible que celle de certaines de ses amies qui sont superbes à cause de leurs yeux, de leur bouche, de leur corps ou de je ne sais trop quoi. Mélanie, elle, est belle de partout. On ne la remarque pas au premier abord, mais dès qu'un gars pose le regard sur elle, il vient de se faire prendre au piège. Comme une mouche dans une toile d'araignée. C'est fatal.

Pour éviter tout malentendu, mettons les choses au clair. Entre Mélanie et moi, c'est la grande amitié. Il y a eu, au début, l'amour fou ! J'ai mordu, comme les autres, à l'hameçon. Fort. Très fort même. Deux semaines. Mais on s'est vite rendu compte qu'on n'était pas faits pour s'entendre en amour.

Elle aime trop charmer pour rester collée à un seul gars. Il n'y a rien à faire. Dès qu'elle voit quelqu'un de nouveau, il faut qu'elle tisse sa toile autour de lui.

Moi, je suis trop possessif. Si je sors avec une fille, je n'aime pas qu'elle regarde ailleurs. Puis, de toute façon, je suis un peu comme elle. J'aime aussi charmer, jouer les grands séducteurs. Alors, on a décidé de mettre fin à notre idylle.

Ce qui est merveilleux, c'est qu'au lieu de se chicaner et de se faire la gueule [1], on est devenus les plus grands amis du monde.

---

1. **Faire la gueule** : (fam.) montrer son mécontentement à quelqu'un en ne lui adressant plus la parole.

Il n'y a rien à faire, je l'aime comme si elle était ma propre sœur. Un jour, Mélanie m'a avoué :

— Tu es le seul à qui je peux raconter mes secrets les plus intimes. Je ne sais pas pourquoi, mais j'ai une totale confiance en toi. Tu ne répéteras pas ce que je t'ai confié. Jamais. Surtout pas mon grand secret. J'en suis tellement certaine que je n'ai jamais douté de toi.

Elle a raison. Jamais je ne dévoilerai à qui que ce soit les confidences qu'elle m'a faites. De toute façon, c'est trop grave. Si je le faisais, je me sentirais comme un traître, un dégueulasse [1].

C'est sans doute à cause de ça que je la comprends mieux. Je veux dire, sa manière d'agir avec les gars. Son besoin de charmer à tout prix. Ses peines d'amour à la chaîne. Sa certitude que, cette fois-ci, ce sera la bonne, ce sera le grand amour. Sa déception deux ou trois semaines après.

Alors, chaque fois qu'elle rompt avec son dernier amoureux, elle vient me voir et pleure dans mes bras, la face collée contre mon épaule. Je me tais. Je la laisse pleurer tout son soûl. Je la flatte [2] comme un petit chat. Ses cheveux sentent bon. Sa peau aussi. À la fin, je lui lance :

— Oublie-le. De toute façon, il n'en valait pas la peine. Il n'aurait jamais pu te comprendre...

Mélanie est malheureuse. J'espère me tromper, mais j'ai peur qu'elle le soit toute sa vie. Tout ça, à cause d'événements qu'elle a vécus dans son enfance et dont elle n'arrive pas à se défaire.

Des fois, je déteste les adultes. Ils ne voient pas le tort qu'ils nous causent. Ils ne pensent qu'à eux, qu'à leur petit bonheur. Les enfants, eux, n'ont rien à dire. Ils doivent subir et se taire. Leur vie peut être bouleversée, mais c'est sans importance pourvu qu'eux, les adultes, y trouvent leur compte et leur plaisir.

---

1. **Dégueulasse** (m.) : (fam.) personne qui se comporte mal, de façon répréhensible.
2. **Flatter** : ici, dire des choses tendres en caressant avec douceur.

J'aime autant revenir à la question du réveil de Mélanie parce que je sens que si je commence à m'enflammer sur la question des parents divorcés, des enfants qu'on se lance du père à la mère, puis de la mère au père, comme des balles de ping-pong, je n'en finirai jamais.

J'ai donc accepté d'aller réveiller Mélanie. J'ai beaucoup plus de succès que sa mère. Ça se comprend facilement. Mélanie a beau dormir, elle sait malgré tout (même endormie, elle ne peut résister à l'envie de séduire) que c'est moi qui suis dans la chambre.

Cela change tout. Elle exerce son charme dès le moment où elle sent que je suis là. Elle fait donc semblant de dormir profondément, mais elle en profite pour prendre des poses, tout en jouant les innocentes. Au bout d'un certain temps, je lui lance :

— O.K., Mélanie, le spectacle est terminé. Tu ne pourras pas me séduire parce que je connais tous tes trucs. Ils n'ont aucun effet sur moi.

Elle fait semblant de n'avoir rien compris, mais quelques secondes plus tard, elle s'exclame, l'air indigné :

— Qu'est-ce que tu inventes ? Moi, vouloir te séduire ? Vraiment, tu te prends pour qui ? Tu ne m'intéresses absolument pas.

— Pour qui je me prends ? Pour un gars capable de résister à une séductrice qui ne sait même pas comment exercer son charme.

Là, j'ai visé juste. J'ai droit à la riposte. Je reçois en plein visage l'oreiller, le nounours en peluche, l'autre oreiller, tout y passe. Elle me bombarde. Je ne bouge pas. J'attends que les munitions s'épuisent, puis quand je suis sûr que j'aurai le dessus, je lui fais une prise de judo et l'oblige à répondre à mes questions.

— Avoue que tu es la meilleure chanteuse du Québec.

— Je l'avoue.

— Que tu es la plus belle aussi.

— Je l'avoue aussi.

— Qu'à cause de toi, *The Nexxtep* va connaître la gloire internationale.

— Ça va de soi !

— Que, comme star du meilleur groupe au monde, tu vas te jeter avec plaisir en bas de ton lit pour venir répéter avec nous aujourd'hui.

— Ah non, par exemple ! Vraiment pas. Je veux dormir !

L'affaire est dans le sac. Je l'ai eue par la flatterie. Les compliments lui ouvrent immédiatement les yeux. Je l'ai vérifié. Rien à faire, il suffit de lui susurrer deux ou trois flatteries pour qu'elle sorte lentement de son sommeil comme la Belle au bois dormant. Alors elle s'étire comme une chatte tout en s'observant dans le miroir de la commode. Une star ! Toujours en train de se mirer !

Quand elle est bien réveillée et heureuse, il ne me reste plus qu'à partir. Mais, avant de sortir, j'ajoute, mine de rien, en entrouvrant légèrement la porte :

— Je t'attends dans une heure. Pas une minute de plus. Et si jamais tu rates [1] la répétition, je te remplace aussitôt par une autre. Au fait, tu connais Isabelle Gourd. Elle est en secondaire IV à Paul-Gérin-Lajoie. Elle est super. Je n'ai jamais entendu une aussi belle voix que la sienne !

J'ai gagné.

Mélanie lance déjà des flammes.

Elle sera là dans une heure.

Voulez-vous gager [2] avec moi ?

---

1. **Rater** : manquer.
2. **Gager** : parier.

# A C T I V I T É S

## Comprendre le texte

1. Écoutez l'enregistrement (pp. 7-17) et complétez:

Bruno est un .............. vraiment bizarre. Il est excité
comme un .............. et rouge comme une .............. :
nous venons d'écouter pour la .............. fois la
symphonie numéro 1 de .............. .............. qu'il aime
à la folie. Moi, je ne connais pas ce type, et alors je lui
ai demandé très .............. des explications. Bruno m'a
répondu sans .............. que c'était un grand ..............
du .............. siècle, d'origine .............., il sait aussi où
il est né et de qui il a été le ................ . Nous avons
écouté ça pendant presque .............. heures et je dois
avouer que cela a été un vrai plaisir. Toutefois, je
préfère le rock des *Matches*. Leur dernier disque est si
beau que je l'ai écouté plusieurs heures .............. sans
me lasser. C'est pourquoi la rencontre de mardi
dernier avait de .............. me faire ................ . J'étais
avec tout le groupe et nous marchions vers le
.............. *Palimpseste* lorsque nous avons rencontré
Jean-Marc, le .............. et chef des *Matches*. J'ai
.............. d'un pas à cause de la surprise. J'étais
.............., sans paroles, comme .............., alors que
Bruno était ................ . Heureusement Mélanie s'est
.............. vers lui avec son beau sourire et lui a
.............. que nous sommes des fans de son groupe.
Sympathique comme je l'avais toujours .............., il a
bien voulu accepter de prendre un café avec nous.
J'étais si excité que j'avais l'impression de ................ .
Et quand nous lui avons révélé que nous .............. de
former un groupe, il nous a .............................., mais il
nous a aussi .............. en disant que dans ce métier il
y a beaucoup de .............. et qu'il faut se ..............
des ................ .

# A C T I V I T É S

## 2. La rencontre.

Le hasard permet aux quatre jeunes de rencontrer une de leurs idoles. Chacun réagit d'une manière différente.

- Comment définiriez-vous l'attitude de Mélanie ?

  **a.** désinvolte ☐    **b.** effrontée ☐
  **c.** impolie ☐    **d.** sympathique ☐
  **e.** courageuse ☐    **f.** impertinente ☐

- Et celle de ses amis ?

  **a.** audacieuse ☐    **b.** embarrassée ☐
  **c.** embarrassante ☐    **d.** maladroite ☐
  **e.** hésitante ☐    **f.** odieuse ☐

## 3. Alex et ses amis viennent de fonder un groupe et veulent se faire connaître.

- Quel conseil leur donne Jean-Marc ? Qui sont les « requins » dont il parle ?

- Quel nom ont-ils choisi ? Quel est le rôle de chacun dans le groupe ? Quand et où répètent-ils ?

- Sur combien de jours s'étale l'emploi du temps hebdomadaire des lycéens québécois ? Qu'est-ce qui vous le fait comprendre ?

## 4. Tout au long du récit Alex se présente implicitement comme le leader du groupe.

- Les autres sont-ils d'accord ? Pourquoi ?

- Comment se préparent-ils au succès ?

## 5. Mélanie est incontestablement la vedette et elle joue à merveille son rôle de star capricieuse.

- Quel exemple peut-on citer ? Quelle est la perplexité de sa mère et quelle solution propose-t-elle ?

- Mélanie est très jolie. Quelle description Alex donne-t-il de sa beauté ?

- Mélanie est-elle une jeune fille heureuse ? Pourquoi ?
- Quel sentiment lie Alex et Mélanie ? Combien de temps a duré leur histoire d'amour ?
- Quelle est son attitude avec les garçons ?

### 6. Alex présente sa famille.

- Quelle est la profession de ses parents ?
- Est-ce qu'ils encouragent leur fils sur le chemin de la chanson ?
- Quel est le sujet de dispute entre Alex et ses parents ?

Le problème de la langue est primordial au Québec où le français véhicule une identité historique, culturelle et parfois même politique; c'est ce qui fait la spécificité de la province francophone dans un pays anglophone.

- Quel chanteur devrait écouter Alex ? Pourquoi ? Est-ce le genre qui convient à Alex ?
- Quel genre musical le fascine surtout ? Pourquoi choisit-il l'anglais ?

En parlant de sa mère, Alex cite une fable de La Fontaine qui parle d'un roseau qui se plie à tous les vents. Le chêne à côté de lui, robuste et solide, se croit le plus fort et plaint la faiblesse du roseau, menu et fragile. Un vent violent se lève : le roseau se plie et se redresse sans se casser, tandis que le chêne est déraciné et abattu.

- Quelle est la morale de cette fable ?
- Pourquoi sa mère n'est pas comme le roseau ? À quoi ressemble-t-elle plutôt ?
- Une sorte de contrat verbal est stipulé entre mère et fils, afin de garantir la paix dans la maison. À quoi se sont-ils engagés ?

## Apprendre la langue

**1.** Expliquez les expressions suivantes :

*Reprendre le gouvernail :* ...............................................

.................................................................................

.................................................................................

*Se faire prendre au piège comme une mouche dans une toile d'araignée :* ................................................

.................................................................................

.................................................................................

*Mordre à l'hameçon :* ...................................................

.................................................................................

.................................................................................

*L'affaire est dans le sac :* ............................................

.................................................................................

.................................................................................

*Sortir de son sommeil comme la Belle au bois dormant :*

.................................................................................

.................................................................................

**2.** Choisissez la définition qui convient :

*Avoir un front de bœuf* (Qc)

    **a.** être effronté     ☐

    **b.** être très fort     ☐

    **c.** être timide     ☐

*Manger tout rond*

    **a.** couper en rondelles     ☐

    **b.** manger tout entier     ☐

    **c.** manger tout ce qui est rond     ☐

*Sur le coup*

    **a.** immédiatement ☐
    **b.** brusquement ☐
    **c.** plus tard ☐

*Je ne changerai pas de sitôt*

    **a.** je ne change pas d'idée ☐
    **b.** je ne veux pas changer ☐
    **c.** ce n'est pas demain que je changerai ☐

*En avoir ras le bol*

    **a.** ne pas avoir envie ☐
    **b.** en avoir assez ☐
    **c.** avoir envie de recommencer ☐

*Être à genoux devant quelqu'un ou quelque chose*

    **a.** être complètement subjugué ☐
    **b.** être exaspéré ☐
    **c.** être incapable de réagir ☐

*Ne pas aller plus haut que la cheville de quelqu'un*

    **a.** égaler ☐
    **b.** dépasser ☐
    **c.** être inférieur ☐

*Sans blague !*

    **a.** tu plaisantes ! ☐
    **b.** vraiment ! ☐
    **c.** c'est impossible ! ☐

*Rien qui cloche*

    **a.** rien qui frappe ☐
    **b.** rien qui laisse indifférent ☐
    **c.** rien qui détonne ☐

*Ses peines d'amour à la chaîne*
- **a.** contenues ☐
- **b.** nombreuses et toutes égales ☐
- **c.** insupportables ☐

*Pleurer tout son soûl*
- **a.** pleurer toutes ses larmes ☐
- **b.** pleurer un peu ☐
- **c.** pleurnicher ☐

*Jouer les grands séducteurs*
- **a.** imiter un grand séducteur ☐
- **b.** être un grand séducteur ☐
- **c.** rire des grands séducteurs ☐

## Réfléchir et approfondir

1. Bruno est un type bizarre. Ses goûts sont assez éclectiques, puisqu'il aime le rock mais aussi la musique classique. Connaissez-vous quelques compositeurs de musique classique ? Lesquels ? Les adolescents n'aiment pas beaucoup ce genre de musique. Pourquoi ?

2. C'est surtout le monde anglo-saxon qui domine en matière de musique. Y a-t-il une raison à cela ? Les États-Unis et l'Angleterre sont-ils aussi à l'avant-garde dans d'autres domaines ? Essayez de trouver des exemples.

3. La musique est une fabrique d'idoles. Quelles sont les vôtres ?

# Chapitre 2

## Les feux de la rampe

YOUPPI, C'EST OFFICIEL. Nous sommes les vedettes de l'heure. Je viens de décrocher [1] notre premier contrat. Regardez là, c'est signé. Croyez-le ou non, *The Nexxtep* chantera à Brébeuf le 6 novembre prochain.

Et tout excité, je leur donne l'heure juste :

— Une salle à nous tout seuls ! Le comité d'organisation va coller des affiches partout. À partir d'aujourd'hui, fini l'anonymat. On va nous quémander [2] des autographes. On sera obligés de porter des verres fumés pour passer incognito. Je vous le dis, ça va faire des dégâts [3], ce spectacle-là. Inoubliable. La gloire. La célébrité. Le nec plus ultra [4]...

— ...

— Alors quoi, vous ne dites rien ? Vous restez là, la bouche grande ouverte comme si de rien n'était. Vous n'êtes pas contents ? C'est le Forum que vous auriez voulu ?

1. **Décrocher** : (fig.) obtenir.
2. **Quémander** : mendier, solliciter avec importunité.
3. **Faire des dégâts** : (fam.) avoir un grand succès.
4. **Le nec plus ultra** : (latin) ce qu'il y a de mieux.

Ils me regardent tous les trois, trop surpris pour faire le moindre commentaire. Surtout, ils ne comprennent pas comment j'ai pu attendre jusqu'à samedi pour leur annoncer la bonne nouvelle, alors que j'ai signé le contrat depuis mardi.

Puis c'est l'explosion, les cris, les questions. Je suis bombardé. C'est vrai qu'on va chanter à Brébeuf ? Qu'on va bientôt remplir les salles ? Qu'on sera connus ? Qu'on sera des grandes vedettes ?

C'est la folie. Mélanie me saute au cou. Bruno se jette sur moi. Jean-François, d'ordinaire si peu expressif, se met à hurler. C'est l'hystérie. On se roule par terre, on se tape dessus. Si ça continue, on va se défoncer [1] les côtes.

À la fin, épuisés, on rit comme des fous. Notre premier spectacle. Jouer à Brébeuf ! Quand j'y pense, je me dis que ce n'est pas possible, qu'ils se sont trompés, que les promoteurs ont peut-être voulu nous jouer un tour. Je me ravise [2]. La vérité est là, sur le papier. Indéniable.

Après l'explosion, c'est la panique. Chacun songe à ce qui l'attend sur scène. Chacun tremble soudain. Ils ont raison. C'est sérieux.

— Je pense qu'on n'a vraiment pas de temps à perdre. À partir d'aujourd'hui, il faut agir comme des professionnels. Maintenant qu'on affronte le vrai public, nous devons être à la hauteur de notre réputation. Il faudra performer [3]. Sinon...

Tout à coup, c'est le silence. Je me sens mal. J'ai le trac. Les autres aussi. Ça se sent. Ça se voit.

— Pas de panique.

Il faut qu'on relaxe [4] un peu. Surtout, ne pas se lancer à corps perdu dans une répétition et s'énerver encore plus à cause des fausses notes.

---

1. **Défoncer** : faire céder sous un coup violent.
2. **Se raviser** : changer d'avis.
3. **Performer** : (Qc) obtenir les meilleurs résultats possibles.
4. **Relaxer** : (s'utilise généralement à la forme pronominale) se détendre.

J'ai trouvé la solution :

— Qu'est-ce que vous diriez si on allait tous manger une pizza chez *Katarak Souvlaki* ? Ça nous remettrait sur le piton [1].

La suggestion est à peine lancée qu'on se précipite tous à l'extérieur.

Il fait un temps superbe. Septembre que j'adore. Le plus beau mois de l'année. Chaud et frais. Et parce qu'on est heureux, parce qu'il fait suprêmement beau et qu'on s'aime, on se tient tous par l'épaule, on forme une boule, un tout, une sphère au milieu de laquelle brille Mélanie. Le monde est à nos pieds.

Nous marchons d'un seul pas, heureux tout à coup, persuadés que plus rien ne pourra nous arrêter, que nous serons comme un char de feu céleste, que nous ferons le tour du globe d'un seul mouvement, superbes, rayonnants, rutilants [2].

Les gens nous regardent passer, ahuris [3]. Ils sourient. Ils sont heureux avec nous. Je suis sûr qu'ils nous trouvent beaux. Nous débordons d'énergie. Sur notre passage, tout s'éclaire : la rue, les maisons, les passants. Nous sommes la lumière et la vie...

Et tout à coup, tout s'arrête. J'ai l'impression que nous ne pourrons jamais connaître un aussi grand moment. Une feuille tournoie dans l'air. Elle vrille [4], rouge, crénelée [5], affolée, puis elle tombe à nos pieds.

Je me dis que, plus tard, quand je songerai à ce merveilleux après-midi où nous marchions tous les quatre, côte à côte, je ne pourrai m'empêcher de songer à cette feuille qui tournoyait dans l'air, légère, pendant que nous avancions en rêvant que, bientôt, toute notre vie serait changée.

---

1. **Remettre sur le piton** : (Qc) remettre en forme.
2. **Rutilant** : très brillant.
3. **Ahuri** : étonné, stupéfait.
4. **Vriller** : s'élever en tournant sur soi-même.
5. **Crénelé** : dentelé.

Je suis romantique, je le sais. Et pourquoi pas ? Dans ces moments-là, j'ai le goût de [1] pleurer. Pleurer de joie parce qu'on se tient par l'épaule, parce que la vie bat dans nos mains, dans nos cœurs et dans nos pas.

Nous sommes bien. Nous nous taisons. Nous sommes tout entiers pris dans notre amour. Nous rêvons à ce spectacle que nous donnerons dans quelques semaines. Nous sommes déjà là, sur la scène, et les amplificateurs crachent nos sons, nos paroles dans la salle où des jeunes comme nous bougent, tapent des mains, l'œil en feu et le sourire aux lèvres. Ils sont hypnotisés, leur cœur vibre au diapason. Nous avons gagné...

Il faut bien sortir de notre rêverie. Nous sommes arrivés chez *Katarak Souvlaki*. Roma, notre serveuse préférée, s'amène [2] avec son air affable et nous offre, ironique, un bon souvlaki [3]. Elle attend, fébrile, notre réponse.

— Un souvlaki, ouache [4], jamais ! Nous, c'est de la bonne pizza que nous voulons.

Et alors heureuse, Roma lance, triomphante, à son patron d'une voix à faire s'écrouler les murs du restaurant : « Quatre pizzas toutes garnies [5] ! », sachant qu'elle le fera enrager.

Roma déteste la cuisine grecque. Elle donnerait tout pour travailler dans un grand restaurant italien, mais les emplois sont rares par les temps qui courent. Alors, elle prend son mal en patience [6].

Nous avons faim. Nous calmons notre angoisse en dévorant la pâte enfarinée, arrosée d'une sauce tomate et recouverte d'une couche de fromage qui s'étire à chaque bouchée.

---

1. **Avoir le goût de** : (Qc) avoir envie de.
2. **S'amener** : (fam.) arriver, venir.
3. **Souvlaki** (m.) : (grec) brochette de viande de porc grillée.
4. **Ouache** : (Qc) exclamation exprimant le dégoût (en France: beurk).
5. **Garni** : ici, enrichi de beaucoup d'ingrédients.
6. **Prendre son mal en patience** : supporter avec résignation.

Mélanie rompt le silence :

— Ouais ! je ne sais pas comment vous vous sentez, mais moi j'ai un petit papillon dans l'estomac qui continue à voleter même si je lui lance de la pizza. Rien à faire, je ne peux pas m'empêcher de penser à ce spectacle. Alexandre, comment on va faire pour tenir le coup pendant une heure ? Une heure, c'est long, tu sais. J'ai peur, tu ne peux pas savoir à quel point j'ai peur.

Je pourrais faire le brave, dire que c'est facile, que ce n'est pas plus compliqué que de chanter dans le sous-sol, mais je sais que les autres ne me croiraient pas.

— Écoute, Mélanie, il n'y a pas trente-six solutions. On doit plonger dans l'aventure et passer au travers. Je suis sûr qu'on peut y arriver. Il faut se tenir les coudes et monter sur scène parfaitement préparés. C'est la seule façon.

Elle me regarde. Dans ses yeux, il y a de l'angoisse et de la peur. Une lueur aussi, qui me dit que Mélanie va réussir au-delà de nos attentes.

Elle me sourit.

— Tu as raison. On n'a pas d'autres choix. Mais il faut être prêts. Alors, je propose qu'on modifie l'horaire des répétitions. On doit ajouter des heures si on veut pouvoir chanter et jouer comme des zombis. Il faut que les paroles et la musique nous collent à la peau et dans la bouche...

Et voici que chacun reprend confiance. Sur le napperon [1] de papier, on élabore le calendrier de nos rencontres. On précise les chansons qui devront être répétées semaine après semaine. D'abord, commencer par les plus difficiles pour terminer par celles qu'on maîtrise [2] déjà.

Aussitôt dit, aussitôt fait. Nous voilà revenus à la maison et sans tarder nous nous lançons dans notre programme. Mélanie se

---

1. **Napperon** (m.) : petit tissu décoratif que l'on met sur une table ou un meuble; ici, feuille de papier qui couvre la table pour le repas.

2. **Maîtriser** : dominer, utiliser avec compétence.

donne avec une telle énergie qu'en l'écoutant, j'en ai la chair de poule. Comment une si petite femme peut-elle réussir à sortir de ses tripes [1] autant de puissance ?

La sensualité qui se dégage de son corps et de sa voix me bouleverse. Si je ne me retenais pas, je tomberais amoureux d'elle. Jean-François et Bruno aussi, j'en suis sûr. Elle nous possède, elle nous envoûte [2], elle nous électrise. Nous sommes à ce point fascinés que nous nous défonçons [3] aussi. Jamais, depuis la création du groupe, nous n'avons été aussi unis dans notre musique. J'avais raison : il suffit d'une étincelle...

\* \* \*

Voilà six semaines que nous répétons d'arrache-pied [4]. Nous sommes prêts. Notre répertoire est complet. Nous avons tenu notre pari. Il ne reste plus qu'à passer l'épreuve devant le grand public.

Nous avons même invité des jeunes à venir nous entendre dans notre sous-sol. Ils ont été impressionnés. Pour eux, nous sommes un vrai groupe de musique. *The Nexxtep* est devenu le groupe dont on parle le plus.

À les entendre, nous serions meilleurs que *Dire Straits*, *The Police* ou *Indeed*. Meilleurs aussi que *The Matches*. Bien sûr, ils exagèrent, mais cela nous fait chaud au cœur. Ça nous prouve qu'on n'est pas si poches [5] que ça. Leur enthousiasme nous a donné confiance. On se sent d'attaque pour sauter sur la scène de Brébeuf.

Heureusement d'ailleurs, parce que le spectacle a lieu dans deux semaines (en disant cela, j'en ai des chatouillements dans le

1. **Sortir de ses tripes** : extraire du plus profond de son corps.
2. **Envoûter** : ensorceler, subjuguer.
3. **Se défoncer** : se donner au maximum.
4. **D'arrache-pied** : avec acharnement, sans interruption.
5. **Poche** : (Qc) de très mauvaise qualité.

ventre !). Notre programme ? On se rencontrera d'abord à la maison avant de partir pour Brébeuf, en vue de notre seule répétition sur place avant le spectacle.

Nous disposons de quatre heures pour tout placer et pour roder notre tour de chant. Quatre heures avec l'éclairagiste ! Puis il disparaîtra pendant une heure et demie pour aller manger. Ensuite, ce sera le grand saut. Alors, on pourra se défouler, s'éclater [1].

\* \* \*

Vous avez déjà senti une scène de théâtre ? C'est quelque chose de bien spécial. La poussière et la chaleur des réflecteurs, la nervosité et la fébrilité de ceux qui s'y démènent dégagent une odeur sèche et imprégnée de sueurs qu'on ne peut pas oublier... C'est à la fois animal et électrique.

Nous sommes tous là, occupés à brancher nos fils, à placer nos amplificateurs. On aurait bien aimé que l'éclairagiste nous fabrique une chorégraphie lumineuse, mais il a refusé. Il prétend qu'au prix où on le paie, il n'a pas à se fendre en quatre pour qui que ce soit. Selon lui, les quelques heures dont nous disposons sont suffisantes.

Ça nous fait rager parce qu'il pourrait tout faire rater [2], mais les organisateurs n'y peuvent rien. Ils n'ont pas les moyens de jouer les riches. « C'est un spectacle pour les étudiants, organisé par des étudiants et présenté par des étudiants (c'est nous, ça !). Alors il ne faut pas charrier... »

Peut-être qu'ils ont raison. D'autant plus qu'on n'aurait pas trop su comment utiliser tous ces réflecteurs. Pendant qu'on place notre attirail [3], l'éclairagiste suit nos mouvements.

---

1.  **Se défouler, s'éclater** : se laisser aller, se libérer des tensions, se livrer sans contraintes au plaisir de la musique.

2.  **Rater** : ne pas réussir.

3.  **Attirail** (m.) : ensemble d'objets divers et encombrants.

En fait, il n'arrête pas de poursuivre Mélanie de ses mille watts. À croire qu'elle lui est tombée dans l'œil [1]. Il met de la couleur, du rouge, du vert, du bleu comme s'il savait d'avance quel sera le rythme de nos chansons. Il fait des essais, dit-il. Il en a vu bien d'autres. Il connaît la musique...

Il a raison. Il entre de plain-pied dans notre jeu. La répétition est à peine commencée qu'il a tout de suite pigé [2]. C'est un génie ! Moi qui croyais qu'il bâclerait [3] son travail, je dois admettre qu'il travaille comme un grand maître.

Nous sommes d'autant plus satisfaits qu'il a lancé, au beau milieu de la répétition, avec son air indifférent : « C'est bien, les gars (Mélanie fait partie des « gars », évidemment !). J'aime pas mal les chansons que vous avez composées. Vous avez du punch [4]. Ça me plaît. »

De la part de quelqu'un qui, à n'en pas douter, connaît la musique, c'est un véritable compliment. Nous l'acceptons. Car il nous redonne confiance en nous laissant croire que, parmi tous ceux qui ont joué ici, nous sommes parmi les meilleurs. Ce n'est pas véritablement ce qu'il a dit, mais c'est la conclusion à laquelle nous sommes tous arrivés.

Chose certaine, il ne sait pas — le sait-il ? — que son commentaire nous a donné des ailes. Tout à coup, tout nous semble facile. Et cette scène qui nous terrorisait quelques instants auparavant, voilà que nous la maîtrisons.

Nous n'attendons plus que l'arrivée des spectateurs.

\* \* \*

---

1. **Tomber dans l'œil de quelqu'un** : (Qc) taper dans l'œil, faire un grand effet, frapper.
2. **Piger** : (fam.) comprendre.
3. **Bâcler** : faire à la hâte et sans précision.
4. **Punch** (m.) : (anglais, fam.) efficacité, dynamisme.

Nous sommes là sur la scène. C'est incroyable...

D'abord, il y a un moment d'hésitation. Le public attend. Nous aussi. Nous nous évaluons. Nous avons tout planifié. Commencer *cool* [1] au début, puis faire progressivement sauter la machine. Nous suivons notre plan à la lettre. Juste assez de rythme pour les river [2] à leur siège. Puis nous augmentons la puissance. Nous les prenons par la main pour les mener là où nous voulons. C'est extra. À la fin, ça frise [3] le délire.

Je suis dans un état second. Électrisé. Connecté sur Mélanie qui, elle-même, est possédée. Elle vibre de partout. Un courant magnétique s'empare rapidement des spectateurs. Mélanie le sent. À un certain moment, elle arrête quelques secondes. Elle regarde son public, littéralement soudé à ses yeux. Alors, il y a un silence étonnant. On dirait que le temps vient de s'arrêter.

Puis Mélanie reprend sa chanson. C'est le délire. La salle se met à vibrer pendant qu'elle se défonce, déchaînée. On dirait qu'elle est hors d'elle-même, hors de la scène. Nous sommes tous branchés sur ses ondes.

Elle nous tient en haleine pendant toute la durée du spectacle jusqu'au moment où, épuisée, elle s'effondre [4]. Elle s'est affaissée [5] sur le sol. Apparemment inanimée. Jean-François, Bruno et moi sommes figés, incapables de faire le moindre geste. Pendant un instant, nous pensons qu'elle est morte.

Au bout de quelques secondes, elle ouvre enfin les yeux. Elle se relève comme si de rien n'était. Elle salue le public, lequel, heureux de constater que son malaise n'a été que passager, se met à hurler dans l'espoir insensé que Mélanie continue de chanter. Dans les circonstances, cela me paraît impensable. En

---

1.  **Cool** : (anglais) ici, calmement, avec modération.
2.  **River** : attacher solidement, fixer.
3.  **Friser** : ici, être tout près de.
4.  **S'effondrer** : tomber par terre.
5.  **S'affaisser** : se plier sur les jambes.

outre, nous avons épuisé notre répertoire. Nous quittons donc la scène pendant que le public scande « *Nex/xtep, Nex/xtep, Nex/xtep...* ».

Nous revenons saluer. Puis, Mélanie lance l'ordre de reprendre la dernière chanson, celle au cours de laquelle précisément elle s'est écroulée. Alors, la folie s'empare de tous. Au bout d'un certain temps, je suis convaincu que les spectateurs vont sauter sur l'estrade [1] et nous assaillir.

Heureusement que Jean-François a l'idée géniale de quitter la scène au moment où nous entreprenons les dernières notes de la chanson. Nous le suivons pendant que des mouvements de foule s'ébauchent dans la salle.

Effrayés, nous suivons les conseils des organisateurs et nous sautons dans un taxi. On a rassuré Jean-François : on prendra grand soin de sa batterie.

Arrivés à la maison, c'est comme si on soulevait le couvercle de la marmite. Un ouf ! de soulagement bientôt suivi d'une crise de larmes de Mélanie. Impossible de savoir si elle pleure de peine ou de joie. On dirait que sa machine s'est détraquée [2].

Elle geint comme une enfant et nous tentons en vain de la consoler. Sans succès. Cela dure bien près d'une heure malgré quelques accalmies. Puis, vidée, Mélanie tombe brutalement endormie. On dirait un sac. Je suis sûr que, si on hurlait, elle n'entendrait rien. Elle est dans un état comateux. Je téléphone à sa mère pour lui raconter notre soirée et lui dire que Mélanie couchera à la maison puisque je ne parviendrai jamais à la réveiller.

— Elle n'est pas malade, tu me le jures ?

— Absolument pas. Pas plus qu'elle n'est soûle [3] ou droguée. Simplement épuisée. Elle est tombée comme une roche. Depuis

---

1.  **Estrade** (f.) : plancher surélevé pour faire une représentation.
2.  **Se détraquer** : tomber en panne, se dérégler.
3.  **Soûl** : qui a bu trop d'alcool.

une demi-heure, on rit comme des fous sans qu'elle ait même sourcillé [1]. J'ai l'impression qu'elle va dormir ainsi jusqu'à très tard demain. Au moins jusqu'à midi. Vous la connaissez...

— Je te la confie, Alexandre. Dis-lui de me téléphoner dès qu'elle sera sur pied [2].

— Je le ferai, soyez sans crainte.

Nous avons préparé le divan, après quoi nous lui avons enlevé ses souliers, détaché sa ceinture pour qu'elle soit plus à l'aise, retiré sa montre, ses bracelets, son collier. Elle était molle comme un bébé. Finalement, j'ai pris une couverture, l'ai bordée [3], puis nous avons décidé de nous quitter, tout en nous donnant rendez-vous chez moi le lendemain après-midi.

Je suis allé me coucher, mais je n'arrivais pas à dormir. Les images se bousculaient dans ma tête. Je nous revoyais. Je voyais la foule aussi.

À tout coup, j'étais saisi d'une bouffée [4] d'orgueil. Je ne pouvais croire que nous étions les héros de cette fête. Nous avions conquis notre public en vraies vedettes. Nous avions même, j'en étais convaincu, créé un événement dont on parlerait longtemps.

Et Mélanie qui s'était évanouie juste au bon moment. Je me demandais même si elle n'avait pas fait exprès. Pourquoi pas ? Mélanie est capable de tout. Chose certaine, elle avait été absolument éblouissante. Sa voix surtout. Comme si, en un seul spectacle, elle avait acquis toute la maturité nécessaire pour s'imposer.

Je me suis mis à rêver que bientôt les imprésarios viendraient frapper à notre porte. Que les compagnies de disques feraient des bassesses pour nous avoir dans leur écurie [5].

1. **Ne pas sourciller** : rester impassible.
2. **Être sur pied** : être debout.
3. **Border** : ici, replier les couvertures sous le matelas, comme on le fait avec les enfants.
4. **Bouffée** (f.) : accès brusque.
5. **Écurie** (f.) : ici, les chanteurs qui appartiennent à la même maison de disques.

La gloire ! La gloire internationale. Celle qui vous propulse de Los Angeles à Buenos Aires, d'Amsterdam à Berlin. Celle qui fait de vous un personnage plus connu que le président des États-Unis. Ah ! recevoir la légion d'honneur des mains du président de la République française, être nommé « Sir » par la reine Élisabeth, puis — il ne faut surtout pas négliger cet aspect — devenir une valeur cotée à la bourse de New York et de Tokyo... !

Je me suis endormi très tard dans la nuit, repassant chaque moment de cette soirée, essayant de l'inscrire dans ma mémoire, afin de ne jamais l'oublier. Ainsi, pour la première fois de ma vie, j'étais heureux de souffrir d'insomnie...

\* \* \*

À mon réveil, maman m'a appris que Mélanie avait quitté la maison après avoir refusé de prendre le petit déjeuner. « Je cours chez moi faire ma toilette et me laver les dents, lui avait-elle répondu, puis je déjeunerai » Elle lui avait demandé du même souffle [1] de bien vouloir m'avertir de lui téléphoner.

Je n'étais pas fâché [2] d'être seul avec maman. Elle m'avait préparé un super brunch [3] comme je les aime : des œufs, du bacon, des mini-saucisses, des tranches de tomate et des galettes [4] de pommes de terre frites — qu'on appelle rösti en Suisse — qui ne sont pas piquées des vers [5].

J'ai dévoré le tout. Puis, je lui ai raconté notre soirée. Elle m'écoutait attentivement. Elle semblait croire que j'en rajoutais [6].

---

1. **Du même souffle** : ici, en même temps.

2. **Fâché** : contrarié.

3. **Brunch** : (anglais) contraction de *breakfast* et de *lunch*. Repas pris dans la matinée qui sert à la fois de petit déjeuner et de déjeuner. (Au Québec, les repas sont le déjeuner ou brunch, le dîner à midi et le souper le soir).

4. **Galette** (f.) : gâteau plat.

5. **Pas piquées des vers** : (fam.) qui sont très bonnes.

6. **En rajouter** : exagérer, inventer des détails pour rendre le récit plus intéressant.

Elle devait penser que c'était de mon âge, que cela passerait avec les années.

— Pour une première expérience, c'est assez exceptionnel, tu ne trouves pas ? me dit-elle avec un air interrogatif qui me donnait envie de l'étriper [1].

— Tu verras bien que c'est la vérité. Interroge les gens et attends la suite. Après, on pourra se reparler.

Elle n'a pas répondu. Sauf que je suis sûr qu'elle ne me croit qu'à moitié. Pour elle, c'est impossible que notre groupe puisse connaître le succès dès sa première représentation.

Si elle était venue nous voir au moins. Mais je ne voulais pas. J'avais trop peur de faire un flop [2] et de devoir supporter le regard ironique de mes parents. Je leur ai donc interdit d'assister au spectacle. La prochaine fois, je serai moins prudent. Alors, ils comprendront que *The Nexxtep* a beaucoup plus de potentiel qu'ils ne le croient.

1.   **Étriper** : (fam.) tuer, punir de quelque manière.
2.   **Faire un flop** : (arg.) échouer, ne pas réussir.

## Comprendre le texte

**1. Le premier contrat est signé pour un spectacle à donner dans l'amphithéâtre du lycée Brébeuf.**

- Qui a signé ce contrat ?
- Quand est-ce que le contrat a été signé ?
- L'annonce au groupe est-elle faite immédiatement ?
- Quelle est la date prévue pour le spectacle ?
- La réaction a lieu en trois temps : lesquels ?
- Quelles conséquences ce premier contrat va-t-il entraîner ?

**2. Pour fêter l'événement et calmer leur excitation les quatre amis décident d'aller manger une pizza.**

Ils choisissent

    **a.** un petit restaurant italien   ☐
    **b.** une pizzeria   ☐
    **c.** un restaurant grec   ☐

Roma, leur serveuse préférée, leur propose un souvlaki

    **a.** parce qu'elle sait qu'ils adorent ça   ☐
    **b.** pour faire plaisir à son patron qui est grec   ☐
    **c.** pour plaisanter, puisqu'elle sait qu'ils ont horreur de ça   ☐

Assis à table, ils élaborent un plan pour se préparer au mieux et ils décident de

    **a.** répéter plus souvent en commençant par les chansons les plus difficiles   ☐
    **b.** répéter comme avant et simplifier les textes et les musiques   ☐

**c.** ajouter des heures de répétition et ☐
travailler d'abord les textes les plus
faciles

**Le travail de préparation procède à un rythme très intense. Mélanie**

**a.** s'investit au-delà de toutes les attentes ☐

**b.** a une voix si sensuelle que tout le ☐
monde tombe amoureux d'elle

**c.** n'a pas assez d'énergie pour tenir le ☐
coup : elle est trop fragile

**Le groupe se sent prêt pour passer devant le grand public puisque**

**a.** ils savent que leur public ne sera pas ☐
trop exigeant

**b.** ils ont travaillé à fond leur répertoire ☐

**c.** les jeunes qui les ont entendus ne les ☐
ont pas trouvés trop mauvais

## 3. Le moment venu, ils doivent préparer la scène.

- Combien de temps passent-ils avec l'éclairagiste ?

- Qu'est-ce qu'il cherche à mettre en évidence ?

- Les encourage-t-il ouvertement ? Que leur dit-il ?

- De quoi vont-ils s'occuper pendant ce temps ?

- Qu'est-ce qui les inquiète ?

- L'éclairagiste ne leur consacre que quelques heures. Pourquoi ? Est-ce suffisant ?

## 4. Pendant le spectacle...

|  | Vrai | Faux |
|---|---|---|
| **a.** Ils sont complètement maîtres de la scène. | ☐ | ☐ |
| **b.** Le public est en délire. | ☐ | ☐ |
| **c.** La musique s'arrête à cause d'une panne d'électricité. | ☐ | ☐ |
| **d.** Mélanie a un trou de mémoire et s'arrête pendant un long moment. | ☐ | ☐ |
| **e.** Elle s'évanouit à cause de l'émotion. | ☐ | ☐ |
| **f.** Elle tombe, épuisée, gagnée par la fatigue. | ☐ | ☐ |
| **g.** Alex pense que c'est une astuce de Mélanie pour frapper davantage son public. | ☐ | ☐ |
| **h.** Ils s'en vont sans accorder de bis. | ☐ | ☐ |
| **i.** Le public est déçu et veut sauter sur l'estrade. | ☐ | ☐ |
| **j.** Ils doivent quitter rapidement la salle parce que Mélanie se sent mal. | ☐ | ☐ |
| **k.** Jean-François doit laisser sa batterie à Brébeuf. | ☐ | ☐ |
| **l.** Leurs parents les attendent à la sortie. | ☐ | ☐ |

## 5. Après le spectacle, chez Alexandre...

|  | Vrai | Faux |
|---|---|---|
| **a.** Ils soulèvent le couvercle de la marmite pour voir s'il reste quelque chose à manger. | ☐ | ☐ |
| **b.** Ils fêtent leur succès en buvant jusqu'à se soûler. | ☐ | ☐ |

**c.** Ils sont très excités à cause du succès ☐ ☐
obtenu.

**d.** Mélanie passe de l'excitation à la crise ☐ ☐
de nerfs.

**e.** La mère de Mélanie téléphone : elle est ☐ ☐
inquiète parce que sa fille n'est pas rentrée.

**6.** Choisissez parmi les adjectifs suivants ceux qui
décrivent le mieux les quatre amis après le spectacle :

| | | | |
|---|---|---|---|
| **a.** anxieux ☐ | **b.** excités ☐ |
| **c.** effrayés ☐ | **d.** impatients ☐ |
| **e.** fiers ☐ | **f.** héroïques ☐ |
| **g.** émus ☐ | **h.** exaltés ☐ |
| **i.** angoissés ☐ | **j.** déçus ☐ |
| **k.** épuisés ☐ | **l.** prétentieux ☐ |
| **m.** électrisés ☐ | **n.** tristes ☐ |

**7.** Complétez les phrases suivantes :

• Alexandre est persuadé que Mélanie ........................
........................................................................................
........................................................................................

• Il pense aussi que cette expérience lui a donné d'un
seul coup ..........................................................................
........................................................................................

• Alex prend le petit déjeuner avec sa mère qui lui a
préparé ............................................................................
........................................................................................

• En écoutant le récit de la soirée elle pense qu'Alex
........................................................................................
........................................................................................

• Alex n'a pas voulu que ses parents assistent au
spectacle parce que ......................................................
........................................................................................

• Et maintenant il .............................................................
........................................................................................

# A C T I V I T É S

## Apprendre la langue

**1.** Expliquez les expressions suivantes :

*Il n'y a pas trente-six solutions* : .....................................
................................................................................
................................................................................

*Se tenir les coudes* : .....................................................
................................................................................
................................................................................

*Avoir la chair de poule* : ...............................................
................................................................................
................................................................................

*Se fendre en quatre* : ...................................................
................................................................................
................................................................................

*Soulever le couvercle de la marmite* : ...........................
................................................................................
................................................................................

*Donner des ailes* : ........................................................
................................................................................
................................................................................

**2.** Choisissez la définition qui convient :

*Donner l'heure juste* (Qc)

    **a.** consulter sa montre ☐

    **b.** mettre au courant en donnant tous ☐
       les détails

    **c.** rectifier ☐

*Être à la hauteur de*
- **a.** être capable de ☐
- **b.** faire une tentative pour ☐
- **c.** satisfaire les attentes ☐

*Avoir le trac*
- **a.** se sentir incapable ☐
- **b.** avoir peur ☐
- **c.** être trop timide ☐

*Entrer de plain-pied dans un jeu*
- **a.** s'adapter sans difficulté ☐
- **b.** participer activement ☐
- **c.** entrer en jeu sans avoir été invité ☐

*Être dans un état second*
- **a.** être en transe, comme hypnotisé ☐
- **b.** être au septième ciel ☐
- **c.** avoir passé le premier moment ☐
  de panique

*Tenir en haleine*
- **a.** donner le rythme ☐
- **b.** maintenir l'attention en éveil ☐
- **c.** tenir haut le moral ☐

*Comme si de rien n'était*
- **a.** sans rien dire ☐
- **b.** sans qu'on n'ait rien fait ☐
- **c.** comme s'il ne s'était rien passé ☐

*Faire exprès*
- **a.** faire vite ☐
- **b.** faire volontairement ☐
- **c.** faire involontairement ☐

# A C T I V I T É S

## Connaître la civilisation

1. Montréal est la ville principale du Québec, la deuxième ville francophone dans le monde après Paris. Avec plus de 3 millions d'habitants, c'est une métropole dynamique et moderne où cohabitent plusieurs races et ethnies. La cuisine aussi est internationale... Quelles sont les spécialités mentionnées dans ce chapitre et de quels pays viennent-elles ?

2. Trois façons d'attester la célébrité, le mérite ou la valeur sont évoquées dans le texte :

   - La « Légion d'honneur » est décernée
     - à qui et pour quelles raisons ? ...........................
       ...........................................................
     - par qui ? ................................................

   - Le titre de « Sir » est attribué
     - à qui et pour quelles raisons ? ...........................
       ...........................................................
     - par qui ? ................................................

   - À la bourse des valeurs mobilières on cote et on négocie ................................................

   - Les quatre bourses qui dominent le monde des affaires internationales sont .....................................
     ...........................................................

## Réfléchir et approfondir

1. Le spectacle à Brébeuf est exaltant pour le public
   ainsi que pour *Nexxtep*. Mélanie est au centre de
   l'attention. Décrivez la scène.

2. Imaginez Alex et sa mère à table pour le petit
   déjeuner; racontez ce qui se passe et écrivez ce qu'ils
   se disent.

# Chapitre 3

## Le paradis avec Tom ?

C'EST BIZARRE, depuis le spectacle donné à Brébeuf, toute ma vie a changé. Les gens ne me regardent plus de la même manière. Parfois, je suis gêné. Surtout quand on me montre du doigt en parlant suffisamment fort pour que j'entende : « Julie, Julie, tu vois le gars qui est là-bas, eh bien ! c'est Alexandre du groupe *The Nexxtep*. »

Il faut dire que notre performance a créé des remous [1]. Partout on ne parle que du spectacle que nous avons donné. L'évanouissement de Mélanie nous a valu une publicité absolument époustouflante [2]. Un coup de génie !

Je l'ai interrogée à ce sujet. Elle affirme qu'elle a eu un étourdissement et qu'elle a bel et bien perdu conscience.

— Je ne peux pas t'expliquer clairement ce qui s'est passé. Disons que j'ai ressenti à la fois de la panique et du bien-être. J'avais chaud au point de penser que j'allais éclater. Il fallait pourtant que je termine ma chanson. J'ai fait des efforts incroyables.

1. **Remous** (m.) : agitation.
2. **Époustouflant** : (fam.) prodigieux, stupéfiant.

Elle se tait. Elle revit l'événement.

— Puis mes jambes se sont amollies. On aurait dit que le plancher s'enfonçait. Je n'avais pas peur. J'étais heureuse. Heureuse parce que j'entendais les bravos. Je me disais qu'il fallait que je reste lucide, mais je n'y arrivais pas. J'étais comme du coton ouaté. Et vide aussi.

Et Mélanie poursuit son récit comme si c'était un rêve :

— J'avais l'impression d'être une bulle de savon qui s'envole dans l'air. Il me semblait que, comme la bulle, j'allais éclater au bout de ma course, mais cela ne me dérangeait pas. J'étais multicolore. Un arc-en-ciel. Un prisme. Puis j'ai sombré dans l'abîme. Je plongeais dans le vide. Je me sentais légère. Je n'avais pas peur.

Sortant de sa rêverie, elle continue :

— Quand j'ai repris conscience, j'ai mis un certain temps à me rendre compte que j'étais encore sur scène. Alors, je vous ai vus. Je me disais que vous étiez là, que vous comptiez sur moi, qu'il fallait que je me relève. Et tout à coup, je suis sortie de mon tunnel. J'ai repris mes esprits. J'étais à nouveau d'attaque, prête à recommencer. Voilà pourquoi j'ai décidé de bisser notre chanson fétiche [1]...

Bien sûr, elle dit la vérité. Il y a parfois des états de grâce qu'on ne peut pas commander. Mélanie a été géniale sans le vouloir. Elle aurait voulu simuler cet évanouissement qu'elle n'y serait jamais aussi bien arrivée.

— Tu sais, Mélanie, il vaut mieux que tu gardes le secret sur cet épisode. Plus on entoure de mystère un événement, plus il est sujet à fabulation [2]. Si on te pose des questions, ne réponds pas. Es-tu d'accord ?

— Je crois que tu as raison. Laissons les gens donner leur interprétation. Certains croiront que c'était vrai, alors que d'autres

---

1. **Fétiche** : porte-bonheur.
2. **Fabulation** (f.) : invention.

prétendront que tout ça faisait partie du spectacle. Peu importe la version des faits, l'événement alimentera toutes les conversations.

— Ma foi, plus tu vieillis, plus tu comprends vite. Tu t'améliores, on dirait.

Je n'aurais jamais dû faire cette remarque. Mélanie, qui avait l'impression depuis le début de la conversation d'être interrogée par un professeur en communication, n'arrivait plus à réprimer sa rage. Quand, narquois [1], j'ai lancé cette phrase supposément drôle, j'ai aussi mis le feu aux poudres. Elle a explosé :

— Écoute donc, Alexandre de Vertefeuille, me prends-tu pour une cruche [2] ? Est-ce que tu crois que ça demande du génie pour comprendre ton truc publicitaire ? Tout ce que tu proposes, c'est de « se taire et laisser braire [3] ». C'est vraiment pas sorcier [4]. Je ne suis peut-être pas encore Einstein ou Marie Curie, mais je suis quand même capable de saisir une équation aussi simple. Tu confonds publicité avec théorie de la relativité. Il y a déjà deux professeurs dans ta famille, tu ne trouves pas que ça suffit ?

Soudain, furieuse, elle m'a craché [5] :

— Pis à part ça, t'as rien à m'apprendre en musique ou en quoi que ce soit. Veux-tu savoir ce que je pense de toi : tu n'es rien qu'un petit prétentieux qui se prend pour le nombril du monde [6]. Je vais même aller plus loin : tu ne vaux pas une claque [7] en musique.

— Fâche-toi [8] pas, la belle. Pas nécessaire de monter sur tes grands chevaux... Je disais ça juste pour rire.

1. **Narquois** : malicieux, moqueur.
2. **Cruche** (f.) : ici, fille stupide, idiote.
3. **Laisser braire** : laisser les gens parler.
4. **C'est vraiment pas sorcier** : ce n'est pas particulièrement intelligent.
5. **Cracher** : ici, lancer avec colère.
6. **Nombril du monde** : le centre de l'univers.
7. **Ne pas valoir une claque** : ne rien valoir.
8. **Se fâcher** : se mettre en colère (la forme utilisée est incorrecte, mais elle appartient à la langue populaire; on dirait : « Ne te fâche pas »).

— Pis en plus, tu as le front de m'appeler « la belle » ! Je déteste me faire appeler la belle, comme si j'étais un toutou [1] ! Est-ce que je t'appelle « bel étalon [2] », moi, quand je te parle ? Alors, change d'expression, sinon je vais te remettre à ta place !

— Holà ! Holà ! Du calme. Perds pas les pédales. Je n'ai jamais dit que tu étais une sous-douée. J'ai simplement demandé si tu avais compris mon plan. Je commence à en avoir ras le bol de tes sautes d'humeur ! Puis, si tu veux savoir, je peux te faire danser sur ma musique. De ce côté, tu n'as rien à m'apprendre.

— Exactement ce que je pensais : tu te prends pour un autre. Mais regarde-toi en face ! Il faudra bien qu'un jour tu arrêtes de prendre tes rêves pour la réalité...

Et Mélanie, en furie, a pris son manteau et est sortie en claquant la porte.

Juste avant qu'elle parte, je lui ai lancé mon petit rire chiant [3]. C'est ma vengeance. Elle rage, je le sais, je le sens... Bien fait pour elle ! Car moi aussi, je suis en beau fusil [4]. Je n'aime pas qu'on raconte que je ne vaux pas une claque en musique. Non, mais, pour qui elle se prend, madame ? Pour la reine du rock ? Qu'est-ce qu'elle a de plus que moi ? Est-ce qu'elle serait Tina Turner par hasard ?

Je la regarde courir dans la rue. Je la déteste. Une chance que  tu as foutu le camp [5], Mélanie mon œil [6], parce que c'est sûr que je t'aurais étripée !

* * *

1. **Toutou** (m.) : (fam.) chien.
2. **Étalon** (m.) : cheval de race destiné à la reproduction.
3. **Chiant** : (vulg.) ennuyeux ou irritant.
4. **Être en beau fusil** : (Qc) être furieux, de très mauvaise humeur.
5. **Foutre le camp** : (fam.) s'en aller.
6. **Mon œil** : expression qui marque le refus ou l'invective.

J'ai beau me dire que je me balance [1] des sautes d'humeur de Mélanie, aujourd'hui j'aurais mieux aimé l'éviter. En fait, je voulais discuter avec les membres du groupe d'une proposition de gérance [2] qui m'a été faite cette semaine. Or si Mélanie n'est pas de la partie, autant dire qu'on ne peut pas prendre de décision. J'ai beau la trouver insupportable, je ne peux tout de même pas me passer d'elle [3]. Juste à y penser, ça me fait suer !

Heureusement que Jean-François sert de tampon entre Mélanie et moi. Il est *cool* [4], lui. On dirait un roc. Il a l'art de calmer les esprits. Il lui a donc téléphoné pour la convaincre de revenir chez moi. Elle a jeté les hauts cris bien évidemment, mais devant l'insistance de Jean-François et la promesse que je ferais amende honorable, elle a finalement cédé et a accepté de participer à nos délibérations.

Il faut au moins reconnaître que Mélanie n'est pas rancunière [5]. Moi non plus, heureusement. Si nos regards qui se sont croisés à son arrivée ressemblaient plutôt à des lance-flammes qu'à des œillades, on a vite compris, elle et moi, qu'il valait mieux déposer les armes.

Alors, on a fait la paix. On est aussitôt tombé dans les bras l'un de l'autre en ronronnant [6] comme des petits chats. Elle en a profité pour me chuchoter [7] langoureusement qu'elle ne pensait pas un mot de ce qu'elle m'avait dit.

— Tu le sais bien. C'est pour toi que je chante...

Elle ment, c'est évident, mais cela me fait tellement plaisir. Alors moi, j'en mets autant.

---

1. **Se balancer de** : (fam.) ne donner aucune importance à.
2. **Gérance** (f.): gestion, administration.
3. **Se passer de** : ignorer, faire sans.
4. **Cool** : (anglais) calme, lucide.
5. **Rancunier** : vindicatif, qui n'oublie pas le tort subi.
6. **Ronronner** : ronfler en parlant du chat ; ici, expression de tendresse.
7. **Chuchoter** : dire tout bas dans l'oreille.

— Il faut que je te le dise, Mélanie. Non seulement tu es la plus belle fille que je connaisse, mais tu es aussi la plus intelligente.

Puis je ne peux m'empêcher d'ajouter :

— Dommage que, par ailleurs, tu sois la plus insupportable !

Elle me donne un coup dans les côtes. De quoi m'étouffer. Puis elle m'embrasse avec une telle fougue que je trouve qu'elle dépasse les bornes [1]. Je me sens brutalement plein de désir pour elle. Il faut absolument que je me détache d'elle, sinon elle va m'enrouler autour de son petit doigt.

— Mélanie, il ne faut pas s'adonner à ce petit jeu-là, c'est trop dangereux.

Elle me regarde de ses yeux langoureux.

Je résiste, car il faut aborder le sujet du jour, celui précisément de la gérance de notre groupe. Je suis d'autant plus embarrassé que la personne qui veut prendre en charge notre groupe m'est antipathique.

À vrai dire, Tom Paradis, le gérant en question, me déplaît souverainement. Il fait partie de la race de ceux qui ont toujours l'air sûrs d'eux, ceux qui vous abordent comme s'ils vous connaissaient depuis des siècles. Et bien sûr, tirés à quatre épingles, complet et cravate et une coiffure si parfaite qu'on se demande comment ils ont pu préserver une si belle mise en plis. Y a pas de vent par chez vous ?

C'est du reste avec un sourire colgate qui lui traversait le visage de part en part qu'il m'avait accosté [2]. Il fallait s'y attendre, il connaissait mon groupe. Il avait l'air de tellement bien nous connaître que j'ai failli lui demander si ce n'était pas lui qui l'avait fondé.

Sans hésiter, il m'a baratiné [3] :

---

1. **Dépasser les bornes** : exagérer.
2. **Accoster** : aborder.
3. **Baratiner** : (fam.) parler en essayant de convaincre.

— Je vous ai entendus à Brébeuf. Pas de doute, vous avez du potentiel. Mais tu sais, bonhomme, pour qu'un groupe marche, ça lui prend [1] un moteur. Et le moteur, c'est moi.

Il a fait une pause pour être bien sûr de ne pas rater son effet, puis il a enchaîné :

— Je connais la « gamique [2] ». Je suis dans le métier depuis vingt ans. J'ai commencé avec les Classels. Puis j'ai eu la gérance de Michèle Richard, celle aussi de Michel Pagliaro. Puis celle de Tony Roman. Puis celle de Corbeau. Dans pas longtemps, je vais mettre le grappin [3] sur Marjo. Ça se comprend, elle était avec le groupe Corbeau. Je travaille en plus sur Corey Hart.

Et là, il m'a cloué du regard. Il était tellement fier de lui qu'il en bavait [4] d'orgueil. Satisfait, il a embrayé [5] :

— Je ne chôme [6] pas. Alors si vous voulez entrer dans le club des privilégiés, je suis la personne qu'il vous faut. Vous me donnez vingt-cinq pour cent de vos cachets [7] et je vous place un peu partout à Montréal et en province. J'ai déjà en main deux contrats pour vous.

Mon air incrédule l'a fait jubiler.

— Tu ne me crois pas ? Tu crois que je bluffe ? Regarde.

Et il a sorti de la poche de son veston deux vrais contrats — l'un pour un spectacle à la paroisse Saint-Pierre-Claver, l'autre pour le Centre des loisirs de Duvernay — où il était clairement écrit que nous donnerions une représentation d'une heure et demie moyennant [8] un montant de 450 $.

Je suis resté complètement figé [9].

1. **Ça lui prend** : ici, il lui faut.
2. **Gamique** : (anglicisme, de *game*) le système, les règles du jeu.
3. **Grappin** (m.) : objet en fer muni d'un crochet; ici, mettre la main sur.
4. **Baver** : avoir la salive qui monte aux lèvres; ici, être fier de soi.
5. **Embrayer** : (fig.) continuer en disant davantage.
6. **Chômer** : être sans travail, rester inactif.
7. **Cachet** (m.): somme demandée par un artiste pour faire son spectacle.
8. **Moyennant** : contre paiement de.
9. **Figé** : pétrifié.

Alors, il en a profité pour jouer les prestidigitateurs.

— Écoute, bonhomme, si jamais tu refusais, je mets le nom d'un autre groupe à la place du vôtre. Pas compliqué, comme tu vois.

Il en bavait presque tellement il savourait sa dernière repartie. Puis, il a ajouté :

— Par contre, si tu acceptes, c'est le début de notre association. Ça veut dire que si les choses marchent comme je le pense, on va monter vite et haut. Après six mois, je peux te garantir — si vous travaillez fort, bien entendu — que je vous déniche [1] un contrat exclusif avec les grosses compagnies de disques, avec Columbia, MCA Records ou Polygram.

Une fois partis pour la gloire, on va vite se retrouver sur la liste des meilleurs vendeurs. La grande vie, quoi. On aura de l'argent plein nos poches. On ne saura plus quoi en faire. Puis attache ta ceinture, bonhomme, parce que ça ne sera pas long qu'on va se retrouver à New York.

On va se promener d'une capitale à l'autre. Comme ça. En criant ciseau [2]. On va traverser l'Atlantique, puis le Pacifique avant même d'avoir eu le temps de vider notre verre de scotch. Parce qu'on voyagera en Concorde, bien entendu.

Bonhomme, écoute bien ce que te dit Tom. Dans un an, au maximum deux, on aura fait notre marque dans toutes les grandes capitales du monde. Tu sais où c'est Séoul ? Et Sydney ? Pas grave parce que, que tu le saches ou pas, tu vas y aller !

Mon imitation de Tom Paradis était tellement réussie que Mélanie, Jean-François et Bruno se bidonnaient [3]. À la fin, j'ai rajouté, un peu pour les mettre en garde, un peu pour les amuser :

— À partir de ce moment, Tom Paradis est devenu meilleur qu'un grand comédien.

---

1. **Dénicher** : trouver.
2. **En criant ciseau** : (Qc) rapidement.
3. **Se bidonner** : rire aux larmes.

Tellement convaincant qu'il se convainquait lui-même de ses rêves de grandeur... Il a bien fallu qu'il s'arrête à un certain moment. Alors, j'en ai profité pour lui dire que je vous consulterais, et que nous prendrions une décision collective au cours de cette fin de semaine.

J'attends leur réaction. Car je sais que le moment est important, mais je ne peux m'empêcher de forcer un peu la note :

— C'est à nous tous de prendre la décision qui s'impose. Le problème, c'est qu'il faut qu'on se branche [1] vite. Les spectacles sont prévus pour les deux semaines qui suivent. Ou bien on dit oui, et alors on s'embarque avec Tom Paradis, ou bien c'est non, et on attend que les offres nous arrivent dans un mois, dans six mois, dans un an.

Ils hésitent, ils ne savent pas quoi répondre. Il y a un long silence. Alors moi, je plonge :

— Pour ma part, je suis porté à croire qu'on ne perd rien à travailler avec Tom Paradis. De toute façon, personne n'est majeur dans le groupe. On pourra, en temps et lieu, alléguer [2] que nous avons été naïfs et dupés [3] par un adulte, si jamais nous voulions nous débarrasser de lui un jour. Qu'en pensez-vous ?

La discussion est lancée. Chacun y va de son commentaire désobligeant [4] sur le prétentieux Tom. Pourtant, personne n'arrive à effacer de son esprit qu'il détient un argument de poids sous la forme de deux contrats qu'il nous offre sur-le-champ [5]. L'idée de donner des spectacles toutes les fins de semaine nous hante [6] tous.

Qui peut nous offrir mieux ? Sûrement pas nous qui sommes bien incapables d'aller nous « vendre ». De toute façon, nous n'en

1.  **Se brancher** : (Qc) se décider.
2.  **Alléguer** : affirmer, déclarer.
3.  **Naïf et dupé** : ingénu et trompé.
4.  **Désobligeant** : désagréable.
5.  **Sur-le-champ** : immédiatement.
6.  **Hanter** : obséder.

avons pas le temps. Nous sommes tous les quatre aux études et confinés à la maison tous les soirs de la semaine.

Par ailleurs, nous ne connaissons personne du métier. L'arrivée de Tom Paradis tombe à pic et il serait stupide de ne pas en profiter.

Mais Mélanie nous incite à la prudence :

— On s'engagera avec lui pour un an seulement. De cette façon, si jamais nous ne sommes pas satisfaits de ses services, eh bien ! nous le remercierons. Lui, de son côté, pourra faire de même.

Après avoir établi notre stratégie, nous convenons de fixer un rendez-vous à Tom Paradis dès le lendemain.

\* \* \*

Comme prévu, Tom Paradis n'a pas plu aux membres du groupe. Cela ne l'a pas empêché de nous mettre tous dans sa poche. Le contrat d'un an est devenu immédiatement un contrat de cinq ans.

— Me prenez-vous pour un fou ? Vous croyez que je vais me fendre en quatre pour vous, que je vais vous mettre sur la carte du monde pour me faire dire « merci » une fois que je vous aurai propulsés au firmament de la gloire ? Hé, les jeunes, pour qui me prenez-vous ? Un débutant ? Hô les moteurs [1] ! je suis Tom Paradis. J'ai vingt ans de métier. Je n'ai pas besoin de vous pour vivre...

Devant son refus catégorique, le groupe a reculé. Nous nous sommes donc entendus sur un contrat de cinq ans, chacun se disant que, s'il y avait bisbille [2], nous pourrions toujours faire valoir notre statut de mineurs.

1. **Hô les moteurs!** : (Qc) ça suffit!
2. **Bisbille** (f.) : dispute, querelle.

À vrai dire, nous étions prêts à signer n'importe quoi. Tom avait réussi à nous convaincre que nous allions très bientôt connaître, grâce à lui, une carrière fulgurante.

Et si Mélanie n'avait pas eu l'œil bien ouvert, nous aurions pu y perdre sérieusement au change. Le contrat était long et écrit dans un langage juridique assez complexe, de sorte que personne n'avait noté la clause qui stipulait que les chansons (paroles et musique) appartenaient de droit au gérant, en l'occurrence [1] Tom Paradis.

Quand Mélanie a mis le doigt sur cette clause, Tom Paradis n'a pas paru très enchanté. Il a essayé de s'en tirer [2] en alléguant que, de toute façon, cela n'avait aucune importance.

— Vous savez combien reçoivent les créateurs de chansons ? Rien que des miettes ! Il faut être fou pour écrire des chansons au Québec. Vous comprendrez que ma clause est insignifiante. Je me demande même pourquoi elle n'a pas été rayée [3]. J'avais demandé à mon avocat de s'en charger. Il a sûrement oublié.

Mais Mélanie n'a pas lâché prise. Elle a exigé qu'il biffe [4] le paragraphe et qu'il le paraphe [5].

Il s'est finalement exécuté, non sans avoir rédigé une nouvelle clause qui disait à peu près ceci : « Les parties conviennent qu'elles sont propriétaires des chansons (paroles et musique) sur lesquelles elles détiennent des copyrights [6]. Cette entente prend effet à partir de la date de signature du présent contrat et annule toutes les dispositions antérieures. »

— Qu'est-ce que ça signifie ? lui a demandé Bruno.

---

1.  **En l'occurrence** : en ce cas.
2.  **S'en tirer** : se sauver d'une situation embarrassante.
3.  **Rayer** : tracer un trait pour annuler, supprimer.
4.  **Biffer** : annuler un mot ou une phrase d'un trait de stylo.
5.  **Parapher** : marquer avec sa signature ou ses initiales.
6.  **Copyrights** (m.): droits exclusifs qui témoignent de la propriété d'une œuvre artistique ou intellectuelle.

— Simplement que ça annule la clause qu'on vient de biffer. C'est ça que vous vouliez, non ? Chacun est donc propriétaire de ses chansons dans la mesure où il en détient les copyrights ou fait la preuve qu'il en est l'auteur. Il me semble que c'est clair, non ? Qui vous dit que vous ne chanterez pas mes chansons prochainement ? Parce que, les enfants, au cas où vous l'ignoreriez, je suis auteur-compositeur...

Devant cet argument, nous avons cédé. De fait, pourquoi ne pourrions-nous pas chanter ses chansons si elles sont bonnes ? Chose certaine, on ne pouvait pas lui contester le droit d'en écrire.

Nous avons donc paraphé la clause pour nous. Et Tom a retrouvé son sourire.

Mais ce petit détail nous a rendus suspicieux [1]. On en a conclu qu'il fallait être prudents avec Tom. Peut-être était-ce vrai que les chansons ne rapportaient rien au Québec. C'était à vérifier. On s'est dit qu'on le ferait le plus tôt possible et qu'il ne faudrait pas oublier de nous occuper de la question des copyrights.

Puis Bruno, exaspéré, a lancé :

— Il ne faut tout de même pas devenir paranoïaques. Nos chansons sont nos chansons, après tout. Nous les avons écrites et composées ensemble. Nous sommes là comme témoins et auteurs. Alors, que Tom essaie donc de nous contester ce droit et il verra à qui il a affaire !

On s'est tous quittés en pensant que, la semaine suivante, on serait à Saint-Pierre-Claver en train de chanter. Pas de doute, la roue de la chance tournait pour nous.

\* \* \*

Tom ne nous a pas menti. Depuis que nous avons signé avec lui, c'est comme un feu roulant. On n'a pas eu une seule fin de semaine de libre. Les contrats nous pleuvent dessus. C'est de la folie furieuse.

---

1. **Suspicieux** : soupçonneux, méfiant.

Mes parents trouvent ça moins drôle. Surtout papa qui doit faire le taxi avant et après chaque spectacle. Heureusement, les parents de Bruno et ceux de Jean-François ont accepté de prendre le relais [1], sinon c'était la fin pour nous. Papa ne voulait plus servir de taxi. Il est revenu à de meilleurs sentiments quand il a appris qu'il serait « de service » une fois par trois semaines [2].

De toute façon, son calvaire ne durera pas éternellement, puisque Jean-François aura son permis de conduire très bientôt. On se sentira moins mal à l'aise. D'autant plus que Jean-François pourra disposer de la voiture de sa mère qui ne l'utilise jamais durant les fins de semaine.

Ainsi donc tout va pour le mieux. Nous commençons décidément à être connus. On fredonne nos chansons un peu partout. Dommage qu'on n'ait pas encore pu produire un disque. Tom nous a expliqué qu'il travaillait fort de ce côté, mais que les temps étaient durs et qu'il fallait attendre encore quelques mois, peut-être même un an.

Mais nous, nous sommes fébriles. Il faut battre le fer pendant qu'il est chaud, dit toujours mon père qui, pourtant, n'a rien du forgeron.

Si nous pouvions offrir nos disques après chaque spectacle, nous en vendrions des dizaines, des centaines, des milliers peut-être. Car les foules augmentent à chaque spectacle. Nous sommes incontestablement devenus à la mode. Nos premiers jeunes spectateurs avaient raison : nous sommes presque aussi populaires que *The Matches*.

En plus, nous avons le privilège d'avoir une fille comme vedette. Mine de rien, ça joue doublement à notre avantage : les filles s'identifient à Mélanie, les gars, eux, la trouvent littéralement capotante [3]. Plus ça va, plus elle s'améliore. De la dynamite sur scène. Elle pète le feu.

---

1. **Prendre le relais** : remplacer, assurer la continuité.
2. **Une fois par trois semaines** : une fois toutes les trois semaines.
3. **Capotant** : (Qc) génial, excitant.

Inutile d'ajouter qu'après avoir présenté, depuis six mois, des spectacles un peu partout à Montréal et aux alentours, un disque nous donnerait un nouveau départ.

Nous avons rodé nos chansons. Nous avons modifié les paroles de plusieurs d'entre elles. Nous sommes même convaincus que *Live in the dark* pourrait connaître un gros succès. C'est une chanson simple qui accroche immédiatement. J'entends souvent des jeunes la fredonner à l'école ou dans l'autobus.

### Live in the dark

*When I need help*
*And nobody comes*
*I'm left alone*
*To grow by myself*
*When I need love*
*And nobody cares*
*I'm left alone*
*Carry on myself*
*Pain and hurt*
*Just staying alive*
*It's sad for me*
*When it's fun for you*
*Forget this truth*
*Like living a lie :*
*Try running away*
*From old Destiny*
      (refrain)
*I live in the dark*
*I live in the dark*
*And it's the night*
*All day long* [1]

\* \* \*

1.    Voir la traduction à la fin du roman, p. 150.

Nous sommes si désireux de produire un disque que nous acceptons la solution de rechange que Tom nous propose. Il s'agit d'une opération maison. Tom nous fournit un studio d'enregistrement et il produit sous son nom une cassette qui pourra être vendue sous le manteau dans les écoles.

Le seul problème, l'opération coûtera au bas mot [1] 6000 $, montant que nous devrons payer de notre poche. Par ailleurs, il est d'accord pour fournir la mise de fonds [2]. Nous le rembourserons avec les revenus générés par nos spectacles.

L'opération nous tente, bien que cela ne nous paraisse pas très professionnel. Nous aurions voulu une vraie cassette. Mais si nous acceptons, cela nous permettra tout de même de faire circuler nos chansons dans les écoles, là précisément où se trouve notre public.

Tom a même imaginé d'engager des vendeurs itinérants, des étudiants en l'occurrence, qui écouleront [3] la cassette dans les écoles. Le hic [4], c'est qu'il ne veut absolument pas nous consentir des droits d'auteur. Il prétend [5] que l'opération exige des investissements trop importants, argent qu'il pourrait mieux placer ailleurs. Il a été catégorique :

— Si vous pensez qu'en plus de vous prêter l'argent, je vais vous donner des droits sur les copies vendues, eh bien ! vous vous mettez un doigt dans l'œil. Je ne suis pas le père Noël, moi.

« Je suis prêt à mettre ma main au feu que je vais y perdre ma chemise. Vous le savez comme moi, à peu près tous les étudiants copient les enregistrements de leurs chanteurs préférés.

1. **Au bas mot** : en évaluant au plus bas, au minimum.
2. **Mise de fonds** : somme investie dans une opération commerciale.
3. **Écouler** : ici, vendre.
4. **Le hic** : (latin) le problème.
5. **Prétendre** : affirmer.

« Ça signifie en clair que si je suis chanceux, je pourrai retirer au maximum 1000 $ de la vente des cassettes. Ça équivaut à la commission à laquelle j'aurais normalement droit. Mais si les ventes marchent moins fort, je ne ferai probablement pas un cent pour une mise de fonds de 6000 $ et pour une opération qui m'aura demandé au moins trois semaines de travail à temps plein. »

Puis, intransigeant, il a enfoncé le clou :

— Autant dire que j'aurai travaillé pour rien et, qu'en plus, j'aurai perdu de l'argent. Moi, Tom Paradis, je serai le roi des cons [1]. Si c'est ce que vous croyez, alors j'ai des nouvelles pour vous ! Ah, et puis assez farfouiné [2]. Ce que je vous offre est à prendre ou à laisser, point à la ligne.

Finalement, nous avons pris ! Le désir de voir le nom de notre groupe sur une cassette était trop fort. Nous n'avons pas pu résister. Nous lui avons signé une reconnaissance de dettes [3]. Et nous avons croisé les doigts.

\* \* \*

Quelle déception ! L'illustration sur le boîtier [4] de la bande sonore que nous avons enregistrée est décidément affreuse. Heureusement que le son est passable. Mais la photo, ouache ! Exactement dans les goûts de Tom. Quétaine [5] comme on ne peut pas l'imaginer. Une photo noir et blanc de Mélanie dans un attirail de call-girl [6].

Comment a-t-elle pu accepter de se laisser photographier dans une tenue semblable sans même nous en parler ? C'est pour moi

1. **Con** (m.) : (vulg.) imbécile.
2. **Farfouiner** : (Qc) discuter inutilement.
3. **Reconnaissance de dettes** : déclaration attestant qu'on doit une somme d'argent à quelqu'un.
4. **Boîtier** (m.) : emballage rigide qui contient la cassette.
5. **Quétaine** : (Qc) de très mauvais goût.
6. **Dans un attirail de call-girl** : habillée comme une prostituée.

un grand mystère. Tom l'a convaincue que ce qui fait vendre une cassette, ce n'est surtout pas le bon goût. Je le crois sans hésitation. De toute façon, il n'a aucune idée de ce que peut être le bon goût. Parfois, je me demande ce qui l'a poussé à nous prendre sous son aile.

Quant à Mélanie, elle se réfugie dans le mutisme. À croire qu'elle est devenue l'alliée de Tom. Elle prétend que cette photo n'est pas si vilaine et que je suis jaloux. Depuis quelques semaines, Mélanie se prend pour une autre. Elle joue à la grande dame. Elle s'éclipse chaque fois qu'elle en a l'occasion.

Je la soupçonne de s'être laissé impressionner, encore une fois par un gars plus vieux qu'elle. C'est son obsession : elle se cherche un père, c'est évident. Celui qu'elle n'a pas. Mais, bien sûr, n'essayez pas de lui soutirer la moindre confidence à ce sujet. Elle est muette comme une tombe. Mystérieuse aussi comme les grandes séductrices.

La pochette [1] de notre cassette a connu un énorme succès ! Depuis sa sortie, il y a déjà dix mois (mon Dieu que le temps passe vite), elle s'est vendue comme des petits pains chauds.

Une chose me chicote [2] par ailleurs : nulle part il n'est fait mention des auteurs-compositeurs. Tom prétend qu'il n'y a pas pensé. Pourtant, il n'a pas oublié d'indiquer :

© Tom Paradis inc., 1993.

Quand je lui en ai fait la remarque, il est aussitôt monté sur ses grands chevaux :

— Vraiment, Alexandre, tu n'y connais rien [3]. Il faudrait que tu saches que je suis obligé de mettre ce sigle sur chaque production pour des raisons fiscales. C'est la loi qui m'y oblige. C'est tellement vrai que ce n'est même pas moi qui l'ai mis, mais le typographe qui a monté le texte. Impossible de publier quoi

---

1.  **Pochette** (f.) : couverture d'un disque ou d'une cassette.
2.  **Chicoter** : (Qc) inquiéter, tracasser.
3.  **Tu n'y connais rien** : tu n'es pas un expert.

que ce soit sans qu'on connaisse le responsable. Les impôts, bonhomme, tu connais ça ? Toi, non, mais moi, oui. Quand tu en paieras, tu sauras ce que je veux dire...

Qu'est-ce que je peux lui répondre sinon que ses explications ne changent rien au fait que nos noms n'apparaissent pas sur le boîtier de la cassette et que cela m'écœure ?

Il lève les bras au ciel pour bien me faire comprendre qu'il n'y peut rien et qu'il ne veut surtout pas reprendre la discussion. Pour lui, l'affaire est close. Il change donc de sujet.

— Écoute, j'ai oublié de t'annoncer que je pars pour Londres dans quelques jours. Je serai là-bas pendant quatre à cinq semaines. Catherine s'occupera de vos contrats. Elle vous les postera. Vous êtes encore bons pour trois autres semaines. Et si les choses se calment pour vous, ce ne sera pas si grave. Depuis un an, vous n'avez à peu près jamais raté une seule fin de semaine. Que vous preniez un peu de repos ne vous fera pas trop de tort.

Je suis d'accord. Notre carrière, car c'en est une, a pris beaucoup de place dans nos vies. Nous n'arrêtons pas une seconde. Deux ou trois semaines de répit [1] nous feront du bien. Nous pourrons aussi composer d'autres chansons.

Il le faut, car le public commence à se lasser [2] de notre répertoire. Je pense que, pour une fois, Tom a raison. D'autant plus que la dette que nous avions contractée envers lui, pour la production de la cassette, est déjà totalement remboursée. Et comme nous n'avons pas véritablement besoin d'argent...

Curieux comme je suis, et parce que je pense aussi à notre groupe et aux possibilités qui pourraient s'offrir à nous, je lui demande ce qu'il ira faire à Londres.

— Ça, ça me regarde, bonhomme.

---

1.  **Répit** (m.) : repos, suspension.
2.  **Se lasser** : se fatiguer.

— Écoute, Tom, je te demandais ça sans vraiment vouloir me mêler de tes affaires. Ça fait deux fois que tu te rends à Londres depuis six mois. J'ai pensé que ça pouvait nous concerner, nous *The Nexxtep*.

— Si jamais il y a des développements de ce côté, je te les ferai connaître.

Le message est compris. Je me tais. Tom se lève de table et me salue.

— On se revoit dans un mois ou un peu plus. D'ici là, porte-toi bien, bonhomme.

Tom a beau faire le parfait vendeur, l'homme toujours sûr de lui, je sens que malgré tout, il est mal à l'aise avec moi. Pourquoi ? Mystère et boule de gomme [1]...

---

1. **Mystère et boule de gomme** : expression qui signifie : « je n'en sais rien ».

# A C T I V I T É S

## Comprendre le texte

 **1.** Écoutez l'enregistrement (pp. 45-48) et répondez par des phrases brèves :

**Le spectacle donné à Brébeuf a changé la vie d'Alex.**

- Est-ce vrai ? De quelle manière ?
- Est-ce toujours agréable pour lui ?

**Mélanie raconte le malaise qu'elle a eu.**

- Qu'est-ce qui a provoqué cet évanouissement ?
- Par quels mots exprime-t-elle les sensations éprouvées ?
- Qu'a-t-elle fait une fois qu'elle a repris conscience ?
- Est-ce que cet événement peut être positif pour le groupe ? Pourquoi ?
- Comment est-ce que Alex définit ce qui s'est passé ?
- Alex et Mélanie conviennent qu'il vaut mieux ne pas donner d'explications. Pourquoi ?

**La phrase prononcée par Alex déclenche la colère de Mélanie.**

- Qu'est-ce qu'il a dit ?
- La tension monte rapidement et les accusations s'accumulent. Mélanie fait trois reproches à Alex :

  - d'être ................................................................
  - de se prendre pour ............................................
  - de ne pas valoir..................................................

- Que lui dit-il pour essayer de la calmer ?
- Ceci ne fait qu'augmenter son énervement. Comment est-ce qu'elle met fin à la discussion ?

- Quelle est la réaction d'Alex ? Pourquoi parle-t-il de « vengeance » ?

**2. Alex a une proposition importante à discuter avec le groupe.**

Il a été contacté par

    **a.** un imprésario ☐
    **b.** un disquaire ☐
    **c.** une maison d'éditions musicales ☐

... qui veut

    **a.** les lancer dans le monde entier ☐
    **b.** acheter leurs chansons ☐
    **c.** leur organiser des spectacles ☐

Mélanie ne veut plus le voir

    **a.** et après tout il s'en balance ☐
    **b.** et lui, il refuse de lui téléphoner ☐
    **c.** mais il ne peut pas se passer de son avis ☐

Elle accepte de retourner chez Alex uniquement parce que

    **a.** Jean-François présente les excuses d'Alex ☐
    **b.** Jean-François promet qu'Alex va lui présenter ses excuses ☐
    **c.** elle n'est pas rancunière ☐

Entre Alex et Mélanie

    **a.** c'est le jeu de la séduction toujours relancé ☐
    **b.** c'est une histoire d'amour qui n'arrive pas à se déclarer ☐
    **c.** c'est la dispute constante ☐

**3. Selon Alex, Mélanie est...**

| | | | |
|---|---|---|---|
| **a.** menteuse ☐ | | **b.** insupportable ☐ |
| **c.** langoureuse ☐ | | **d.** prétentieuse ☐ |
| **e.** douce ☐ | | **f.** violente ☐ |
| **g.** rancunière ☐ | | **h.** intelligente ☐ |
| **i.** astucieuse ☐ | | **l.** stupide ☐ |
| **m.** belle ☐ | | **n.** détestable ☐ |

**4. La rencontre avec Tom Paradis change la vie du groupe.**

**Vrai Faux**

**a.** C'est le hasard qui les fait se rencontrer. ☐ ☐

**b.** C'est Tom qui a contacté Alex. ☐ ☐

**c.** Tom lui offre discrètement la compétence ☐ ☐
de quelqu'un qui connaît bien son métier.

**d.** Alex se considère un privilégié. ☐ ☐

**e.** Tom cite avec fierté les artistes avec ☐ ☐
lesquels il a travaillé.

**f.** Il demande de l'argent pour procurer ☐ ☐
des contrats.

**g.** Il exige 25% sur les cachets. ☐ ☐

**h.** Un groupe ou un autre, pour lui cela ☐ ☐
n'a aucune importance.

**i.** Il a flairé la bonne affaire et veut ☐ ☐
convaincre Alex d'accepter sa proposition.

**j.** Pour le séduire, il offre deux contrats ☐ ☐
déjà signés.

**k.** Pour le décider, il propose une tournée ☐ ☐
en Amérique et en Europe.

**l.** Pour les deux spectacles, *Nexxtep* va ☐ ☐
gagner 450$.

**m.** Tom affirme qu'il dénichera bientôt un ☐ ☐
contrat exclusif avec Polygram.

### 5. Tom Paradis ne plaît pas au groupe.

- Pour quelles raisons le trouve-t-on détestable ?

- Toutefois il a un argument décisif, lequel ?

- La décision n'est pas facile, mais elle est urgente. Pourquoi ?

- Ils finissent par accepter, mais avec quelques réserves. Lesquelles ?

- Tom n'accepte pas et leur impose ses conditions. Que prévoit le contrat ? Est-il facile à comprendre ?

- Heureusement Mélanie est très attentive et met le doigt sur une clause très ambiguë. Laquelle ? Comment a-t-elle été modifiée ? Est-elle avantageuse pour *Nexxtep* ?

- Tom est très embarrassé et affirme que cette clause n'a aucune importance. Vous semble-t-il sincère ?

6. Écoutez l'enregistrement (pp. 56-60) et complétez le texte suivant :

Depuis la ............... du contrat avec Tom, c'est comme un ............... . Chaque semaine nous donnons un ............... . Nous sommes ravis, mais mon père trouve ça ............... ............... de devoir faire le taxi toutes les fins de semaine. Heureusement Jean-François aura bientôt son ............... . Tout va pour ............... , au point que nous avons pensé ............... un disque. Mélanie est comme de la ............... sur scène et nos chansons ............... immédiatement, surtout *Live in the* ..............., que j'entends ............... un peu partout par nos jeunes admirateurs. On a dû supplier Tom qui a enfin ............... à produire ............... son ............... une cassette qui sera ............... sous le ............... dans les écoles. Des vendeurs itinérants l'............... là où se concentre notre public. C'est une opération ...............

qui ne nous satisfait pas beaucoup et que, de plus,
nous devrons payer de .............. . Tom prétend que
cet investissement va lui faire .............. sa ..............
du fait que les jeunes vont sûrement faire des copies
pirates de la cassette. Il est d'accord pour .............. la
.............. de fonds que nous rembourserons avec les
.............. de nos spectacles, mais il refuse de nous
consentir des .............. . Sur ce point il a été
................ . Comme il n'y avait pas d'alternative, nous
avons accepté en signant une .............. de ..............
et nous avons .............. les doigts.

**7. La cassette est enfin réalisée.**

Selon Alex le résultat est
- **a.** décevant ☐
- **b.** écœurant ☐
- **c.** passable ☐

La photo de Mélanie sur la cassette est
- **a.** séduisante ☐
- **b.** vilaine ☐
- **c.** affreuse ☐

Elle dénonce
- **a.** le bon goût de Tom ☐
- **b.** le mauvais goût de Tom ☐
- **c.** la grande intuition de Tom ☐

Mélanie se réfugie dans
- **a.** son mutisme ☐
- **b.** sa solitude ☐
- **c.** son nouvel amour ☐

Elle semble être devenue
- **a.** l'alliée de Tom ☐
- **b.** la copine de Tom ☐
- **c.** la confidente de Tom ☐

Alex la soupçonne

  **a.** d'être tombée amoureuse de Tom ☐

  **b.** d'avoir subi le charme de Tom ☐

  **c.** de s'être laissé conditionner par Tom ☐

L'inscription © Tom Paradis inc., 1993 qui figure sur la cassette signifie que

  **a.** ce n'est pas Tom qui paiera les impôts sur le revenu dérivant de la vente ☐

  **b.** c'est Tom qui bénéficiera des revenus parce qu'il détient les copyrights ☐

  **c.** c'est un oubli du typographe qui a omis d'indiquer le nom des autres auteurs ☐

**8. Tom annonce son départ pour Londres.**

- Est-ce la première fois ?

- Combien de temps y restera-t-il ?

- La curiosité d'Alex est-elle justifiée ?

- Comment est-ce que Tom réagit à ses questions ?

## Apprendre la langue

**1.** Expliquez les expressions suivantes :

*Ça me fait suer* : ...........................................................
.................................................................................
.................................................................................

*Jeter les hauts cris* : ......................................................
.................................................................................
.................................................................................

*Un sourire colgate* : .......................................................
.................................................................................
.................................................................................

*Tomber à pic* :................................................................
.................................................................................
.................................................................................

*Mine de rien* : ................................................................
.................................................................................
.................................................................................

*Il s'agit d'une opération maison* :.................................
.................................................................................
.................................................................................

**2.** Choisissez la définition qui convient :

*Monter sur ses grands chevaux*

    **a.** s'irriter                  ☐
    **b.** partir en courant       ☐
    **c.** se prendre pour quelqu'un d'important ☐

*Perdre les pédales*

    **a.** perdre le rythme       ☐
    **b.** perdre le contrôle de soi  ☐
    **c.** tomber                 ☐

*Enrouler quelqu'un autour de son petit doigt*

   **a.** le torturer ☐
   **b.** le suffoquer ☐
   **c.** le subjuguer ☐

*Tiré à quatre épingles*

   **a.** pas très élégant ☐
   **b.** habillé de façon ridicule ☐
   **c.** habillé avec un soin méticuleux ☐

*Mettre quelqu'un dans sa poche*

   **a.** gagner ☐
   **b.** utiliser quelqu'un à son profit ☐
   **c.** ridiculiser ☐

*Être comme un feu roulant*

   **a.** qui ne s'arrête pas ☐
   **b.** qui s'enflamme facilement ☐
   **c.** qui a une vie très brève ☐

*Péter le feu*

   **a.** faire des folies ☐
   **b.** enflammer le public ☐
   **c.** déborder d'énergie ☐

*Faire quelque chose sous le manteau*

   **a.** ouvertement ☐
   **b.** clandestinement ☐
   **c.** sans publicité ☐

*Se mettre un doigt dans l'œil*

   **a.** exagérer ☐
   **b.** refuser de voir ☐
   **c.** se tromper grossièrement ☐

*Se vendre comme des petits pains*

   **a.** avec facilité ☐
   **b.** à bas prix ☐
   **c.** avec précaution ☐

## Réfléchir et approfondir

**1.** Que signifient les expressions « Se taire et laisser braire » et « Il faut battre le fer pendant qu'il est chaud » ? À quel propos sont-elles citées dans le récit ?

**2.** D'après ce qui a été dit jusqu'ici, comment pourriez-vous décrire Alex, Mélanie et Tom Paradis ?

**3.** L'histoire vous paraît-elle vraisemblable ? Connaissez-vous quelqu'un qui ait fondé un groupe rock ? Ce qui est arrivé à *Nexxtep* pourrait se produire dans la réalité ?

**4.** Tom vous semble-t-il une personne fiable ? Ce voyage à Londres est plein de mystère. À votre avis, Tom y va-t-il pour ses propres intérêts ou pour ceux de *Nexxtep* ? Essayez d'imaginer quelle pourrait être la suite du récit si :

– Tom revenait avec un contrat

– Tom mourait dans un accident d'avion

– Tom devenait un chanteur célèbre en s'appropriant les chansons de *Nexxtep*.

# Chapitre 4

## *Indeed* c'est nous !

DEPUIS TROIS SEMAINES, nous sommes sur les dents [1].  Nous n'avons pas de nouvelles de Tom. Il devait revenir le 12 octobre. Nous sommes le 30. Aucun appel de lui. Aucun signe de vie. Le grand silence. Quant à Catherine, sa secrétaire, impossible de l'atteindre.

Comme il fallait s'y attendre, nous n'avons plus de contrat pour les semaines à venir. Au début, cette situation nous plaisait. Maintenant, elle nous pèse. C'est bien beau le repos, mais trop c'est trop. Nous tournons en rond comme des lions en cage. Mais que faire ?

Pour occuper notre temps, nous avons composé de nouvelles chansons. Cinq au total dont l'une, *Limited Sensations,* risque de connaître le succès. Le rythme est super. Du bon rock. Je ne suis pas trop fâché [2] des paroles :

---

1. **Être sur les dents** : être tendu, excité, crispé.
2. **Fâché** : ici, mécontent.

*With John Wayne*
*Riding a horse*
*With James Dean*
*Driving a car*
*Looks different*
*But it's all the same*
*Just like you*
*Just like me*
*Don't care about you*
*Not like it's true*
*Only want to have their way*
*They always pass on through*
                    (refrain)
*They will die in pain*
*Unsatisfied*
*And nothing can explain,*
*Never knowing why* [1]

Nous répétons donc dans notre sous-sol, en attendant que Tom nous téléphone. Nous sommes inquiets. Pourquoi ce silence ? Tom aurait-il décidé de nous faire faux bond [2] ? Et si c'était le cas, pourquoi aurait-il agi ainsi ? Il n'a pourtant pas à se plaindre. Nous sommes avec lui depuis un an. Nous avons donné plus de cent spectacles. C'est tout de même imposant comme performance, non ?

Quant à lui, il a reçu (en fait, il a pris) son vingt-cinq pour cent tel que stipulé dans le contrat. À cela s'ajoutent les 6000 $ pour produire la cassette. Il n'a sûrement pas dû y perdre au change.

En fait, nous sommes loin des sombres [3] prévisions dont il avait parlé quand nous en avions discuté. Pas de doute, Tom est

---

1. Voir la traduction à la fin du roman, p. 151.
2. **Faire faux bond** : manquer à un engagement.
3. **Sombre** : obscur, noir; ici, pessimiste.

un gars d'affaires. En quelques semaines, il avait formé une quantité impressionnante d'équipes volantes de jeunes étudiants, qu'il avait recrutés dans toutes les écoles secondaires, chargés de vendre notre cassette moyennant une commission de quinze pour cent.

Si je me fie aux résultats des ventes dans mon école, notre cassette s'est vendue non pas par centaines, mais par milliers. C'est d'autant plus probable que personne parmi nous n'a pu vérifier la quantité de cassettes produites. Mille, deux mille, cinq mille ?

Sans vouloir prétendre que nous sommes les vaches à lait de Tom, je peux au moins affirmer qu'il a réalisé grâce à nous un profit qui pourrait facilement s'élever à 20 000 $. En fait, la machine roule parfaitement. Et lui, de son côté, n'a à peu près aucun effort à fournir.

Alors comment expliquer qu'il nous ait glissé entre les doigts [1] comme par enchantement ? Peut-être est-il sur un gros coup ? Peut-être a-t-il fait faillite [2] ? En fait, toutes les interprétations sont possibles. Comment savoir ? Lui seul pourrait nous répondre...

* * *

Aujourd'hui, c'est la fête. Nous avons décidé d'aller tous ensemble au Stade olympique pour assister au spectacle de *Indeed*, le groupe rock le plus connu à travers le monde depuis quelques années. Une grosse affaire. Un spectacle du tonnerre [3] avec un système de son capable de faire péter [4] les tympans de cinquante mille fans.

Pour n'être pas en reste [5], nous, les membres du groupe *The*

1. **Glisser entre les doigts** : échapper.
2. **Faire faillite** : devoir interrompre son activité parce qu'on n'a plus d'argent pour payer ses dettes.
3. **Du tonnerre** : (fig.) extraordinaire, formidable.
4. **Péter** : (fam.) ici, exploser.
5. **Ne pas être en reste** : ici, pour nous faire un cadeau.

*Nexxtep*, nous nous sommes tapé [1] les meilleurs billets. Ceux à 40 $ ! De la folie furieuse. Mais les fous pleuvent à Montréal ces temps-ci. Les billets sont tous vendus ! Et les prix sur le marché noir sont devenus déments [2]. Les revendeurs font des affaires d'or. Cinq fois le montant affiché [3] pour des billets de parterre. Et on se les arrache. C'est débile [4].

Il n'est pas question, de notre côté, de vendre les nôtres. On nous en offrirait 1000 $ que la réponse serait catégorique : non ! On n'a pas passé une nuit à la belle étoile pour rien. Car c'est ce  que nous avons fait : nous avons couché dehors pour être sûrs d'avoir les meilleures places à l'ouverture des guichets [5].

* * *

Le spectacle commence dès notre arrivée. Vous avez déjà vu cinquante mille personnes qui s'engouffrent dans un stade ? Capotant ! Parfois on se demande si, sous la pression, le béton ne va pas craquer [6], puis s'effondrer [7] dans un nuage de poussière.

On est prisonniers de l'excitation de la foule. Il y a beaucoup d'agressivité dans l'air sans qu'on sache trop pourquoi. Il suffirait d'un rien pour que l'émeute [8] éclate. Ça se sent. Ça se voit. Chacun se tord les orteils [9] dans ses petits souliers.

En même temps, tout le monde voudrait que le drame éclate. Assister à quelque chose d'inhabituel. Une émeute. Et pouvoir

---

1. **Se taper** : (fam.) s'offrir.
2. **Dément** : (fam.) fou, absurde.
3. **Montant affiché** : prix déclaré, prix officiel.
4. **Débile** : (fam.) fou, insensé.
5. **Guichet** (m.) : ouverture par laquelle le public communique avec les employés d'une administration.
6. **Craquer** : céder, se fendre.
7. **S'effondrer** : s'écrouler.
8. **Émeute** (f.) : révolte, agitation violente.
9. **Orteil** (m.) : doigt de pied.

dire, une fois l'orage passé : « J'étais là. C'était effrayant. En l'espace de quelques minutes, le feu a pris aux poudres. Puis ça s'est mis à éclater comme un feu d'artifice. De la vraie dynamite. Tout le monde se tapochait [1] à qui mieux mieux. Il y avait du sang partout. Des gens qui criaient. Des filles qui hurlaient. Des lames de couteau qui brillaient dans la nuit. C'était dément. »

Heureusement, ce n'est pas le cas. Il n'y a pas d'émeute, mais il n'empêche [2] qu'on sent l'électricité statique. Crisssh. Crisssh. Et nous, nous sommes tous sur les dents à attendre, fébriles, excités, que le groupe *Indeed* fasse soudain hurler la foule, la mette à son diapason. Qu'il arrive au plus sacrant [3], sinon le Stade va s'élever dans les airs comme un ballon gonflé d'hélium.

Déjà, il y a des tiraillements [4] dans la foule. Quelques échauffourées [5]. La police intervient. Il y a des gars et des filles qui ont l'œil vide et le sourire figé. Gelés, complètement faits. Ils flottent [6] au-dessus des autres.

Puis les quatre arrivent, superbes, électriques, sur la grande scène illuminée. La foule d'un seul cri les soulève de terre. On dirait qu'ils volent. Des sauterelles. Des kangourous. Des gourous. Et Belfast qui court vers nous, le bras collé sur le cœur.

Il s'est cassé l'avant-bras, mais il est toujours aussi superbe. Il bondit [7] autant que les autres. Que dis-je ? Plus que les autres. Un ressort [8]. Belfast l'unique, l'inoubliable, le nouveau dieu du rock. Mon idole. Je l'aime tellement que je voudrais me casser le bras sur le rebord du ciment. Sans attendre. Sans penser à rien. Que voulez-vous, je suis fou de lui. Personne ne peut l'égaler.

---

1. **Se tapocher** : (Qc) se donner des coups.
2. **Il n'empêche que** : malgré cela.
3. **Au plus sacrant** : (Qc) le plus rapidement possible.
4. **Tiraillement** (m.) : dispute, contraste, tension.
5. **Échauffourée** (f.) : bagarre.
6. **Flotter** : ici, avoir perdu le contact avec la réalité.
7. **Bondir** : sauter.
8. **Ressort** (m.) : pièce en forme de spirale dotée d'élasticité.

Ils sont tous vêtus de noir. Bottes de cuir et veston jean. Belfast a son chapeau. Il s'est tressé une couette sur la nuque. Seul, son bras en écharpe tranche [1] dans le décor. Un grand cri blanc. C'est à voir.

Larry Taylor s'installe à la batterie. On dirait le tonnerre de l'Irlande. Ça roule, ça déboule [2], ça rebondit partout. Ça frappe les murs, puis la toile du Stade [3]. Une avalanche. Puis, tout à coup, ce sont de tout petits cailloux [4]. Ceux du Petit Poucet. La foule se laisse déjà prendre à ses magies sonores.

Puis voici Bos Pastor, le guitariste. Un roi. Il fait pleurer ses cordes aux quatre vents. Mille gouttes de plomb qui coulent de la toile du Stade. Les sons s'étirent, se tordent, fondent, s'éparpillent. Puis il lance une suprême plainte [5]. On dirait une peine d'amour. J'ai les yeux pleins d'eau. Je suis hypnotisé.

Puis c'est au tour de George Kennif, le bassiste, de nous faire vibrer. Ses cordes grondent [6], profondes, dans ma cage thoracique. On dirait qu'il tire les sons des entrailles [7] de la terre. Une inquiétante rumeur comme celle du tremblement de terre. Ça bouge sous mes pieds.

Je ne peux pas décrire mon plaisir. Et dire que le spectacle n'est même pas véritablement commencé ! Qu'est-ce que ce sera dans deux heures ?

1. **Trancher** : ici, rompre l'uniformité, ressortir par contraste.
2. **Débouler** : tomber de haut en bas en roulant comme une boule.
3. **La toile du Stade** : le stade de Montréal a été construit pour les Jeux Olympiques de 1976. Sa structure ovale à ciel ouvert peut être couverte par une toile rétractable, suspendue à la tour inclinée qui flanque le stade.
4. **Caillou** (m.) : petite pierre (le Petit Poucet de la fable de Perrault en semait sur son parcours pour retrouver le chemin du retour).
5. **Plainte** (f.) : lamentation, gémissement.
6. **Gronder** : ici, produire un bruit sourd et menaçant.
7. **Entrailles** (f. pl.): intestins; ici, ventre, profondeurs.

Ce fut le paradis jusqu'à l'instant où Belfast, après un moment de grand silence, a lancé, fier et heureux de faire hurler de joie son public québécois :

— *And now, for all the Quebecers, a song written and composed by one of yours, Mister Tom Paradis*, Live in the dark !

Sur le coup, nous sommes tous restés abasourdis [1]. Nous nous regardions, Mélanie, Bruno, Jean-François et moi, avec des airs incrédules. Je ne peux pas vous expliquer à quel point le cœur me débattait dans la poitrine. Et quand *Indeed* a entamé les premières mesures, j'ai su, nous avons su que nous nous étions fait avoir [2] par cet écœurant de Tom.

Nous étions tous déchirés. Nous écoutions notre chanson interprétée d'une manière tout à fait différente de la nôtre, mais avec une telle fougue que nous en bavions de fierté et, en même temps, nous étions enragés. Cette chanson, qui était notre propriété, avait été attribuée à quelqu'un d'autre. Nous aurions voulu crier dans le Stade :

— Arrêtez ! Arrêtez ! Il faut faire une rectification : ce n'est pas Tom Paradis, mais Mélanie, Jean-François, Bruno et Alexandre du groupe *The Nexxtep* qui ont composé cette chanson.

Bien sûr, c'était impossible. Nous avons donc écouté la chanson jusqu'à la fin. Puis, nous avons vu et entendu le délire de la foule en pensant qu'il nous était destiné. Nous étions tellement fiers !

La minute suivante, nous étions enragés et humiliés, prêts à tout pour retrouver Tom Paradis, ce puant [3] !

On n'a pas pu rester jusqu'à la fin ! Bruno était si furieux que j'ai cru un instant qu'il allait tout casser. Il était écarlate. Il serrait

---

1. **Abasourdi** : stupéfait, incrédule.
2. **Se faire avoir** : être trompé.
3. **Puant** : nauséabond.

les poings, jurait [1] comme un déchaîné. « J'vas le tuer [2], j'vas le tuer », qu'il criait sans arrêt.

Je suis certain qu'il l'aurait fait s'il avait pu mettre la main au collet de Tom Paradis. Bruno est comme ça : un timide qui s'enflamme à la moindre étincelle [3]. Attention à vous quand il perd les pédales. Il peut faire les pires bêtises.

Il s'est déjà battu avec un gars de Brébeuf. Une chance que j'étais là parce que, sinon, il l'estropiait [4] à tout jamais. Il a fallu que je le retienne de toutes mes forces pour éviter qu'il lui brise les côtes à coups de pieds. Le pauvre gars était par terre. Il avait déjà le visage ensanglanté, mais Bruno ne voyait plus ce qu'il faisait. Il était dément. On aurait dit qu'il avait perdu ses esprits [5]. Heureusement que j'ai réussi à le maîtriser [6].

Pour le calmer, je l'ai emmené au restaurant. Nous avons commandé un café. Il tremblait tellement qu'il n'arrivait plus à tenir sa tasse. Il répétait toujours les mêmes mots : « Je l'aurais tué, je l'aurais tué. Si tu n'avais pas été là, c'est sûr que je le tuais. » Et il continuait de trembler.

Au bout d'une dizaine de minutes, il s'est calmé. Et il a commencé à s'inquiéter pour le gars. Il se demandait s'il ne l'avait pas sérieusement blessé. Il se sentait coupable.

— Qu'est-ce que tu veux, quand on me bave [7], je ne sais plus ce que je fais. Je deviens comme fou. Si j'avais eu un morceau de bois ou une barre de fer, je suis sûr que je lui aurais fracassé le crâne.

Et il se mettait à redouter [8] ses accès de violence.

---

1. **Jurer** : ici, proférer des imprécations.
2. **J'vas le tuer** : (fam.) expression incorrecte. Il faudrait dire « Je vais ... ».
3. **La moindre étincelle** : la plus petite source de feu.
4. **Estropier** : battre violemment, au point de rendre infirme.
5. **Perdre ses esprits** : ici, être dans un état de confusion totale.
6. **Maîtriser** : contenir, dominer.
7. **Baver quelqu'un** : (Qc, fam.) le provoquer avec arrogance.
8. **Redouter** : craindre, avoir peur.

— Tu sais, Alex, ça me fait peur. Des fois, je me dis que je pourrais bien me retrouver en prison pour avoir tué quelqu'un dans un moment d'égarement.

Bruno s'est mis à voir tout en noir, à se sentir coupable de tout. Il se détestait d'être incapable de se dominer. Un peu comme pour ses rougissements qu'il ne parvenait jamais à freiner. Car, quand il lui arrivait de rougir, il perdait tous ses moyens [1].

Trop préoccupé par sa rougeur, il n'arrivait plus à répliquer convenablement. Il se sentait ridicule, redoutait par-dessus tout qu'on se moque de lui, ce que, bien sûr — et avec quelle cruauté ! — tous faisaient. Et alors il se sentait diminué, ne voulait plus voir quiconque, se réfugiait dans sa chambre, refusait d'en sortir pendant des jours.

Puis après cette longue plongée [2] en enfer, il réapparaissait, comme ça, comme si rien ne s'était passé. Il était de nouveau lui-même, plein d'énergie, drôle [3] à mourir, la réplique tout à coup aiguisée [4].

Alors, je retrouvais le Bruno que j'aimais, imaginatif, créateur, à l'affût des [5] nouveautés, celui qui m'avait fait découvrir *Alcools*, d'Apollinaire [6], *Les Enfants du Sabbat*, d'Anne Hébert, *On the Road*, de Jack Kerouac ou *Volkswagen blues*, de Jacques Poulin. L'ami que j'aimais plus que tous les autres parce que j'avais la certitude qu'il était génial et qu'un jour, il ferait des choses formidables.

Bruno était de la race des créateurs. J'étais fier d'être son ami...

1. **Perdre ses moyens** : être troublé, incapable de réagir.
2. **Plongée** (f.) : immersion, descente.
3. **Drôle** : amusant.
4. **Aiguisé** : ici, aigu, incisif.
5. **À l'affût de** : attentif à , à l'écoute de.
6. **Apollinaire** (poète français 1880-1918) ; Anne Hébert (poète et romancière québécoise, 1916) ; Jack Kerouac (écrivain américain 1922-1969) ; Jacques Poulin (romancier québécois, 1938).

Mais je reviens à notre chanson. Immédiatement après l'interprétation de *Indeed*, nous avons décidé de quitter le Stade sur-le-champ pour tenir une rencontre extraordinaire chez *Katarak Souvlaki*, notre repaire [1] habituel.

Après avoir débattu longuement de la question, nous avons conclu qu'il n'y avait qu'une seule solution dans cette affaire : faire appel à un avocat pour qu'il entame des poursuites judiciaires [2] contre Tom Paradis.

Tout le monde a suggéré que Bruno demande à son père de porter notre cause devant les tribunaux. Pour éviter des frais. L'idée était bonne, mais le père de Bruno faisait partie d'un bureau spécialisé dans la fiscalité.

Selon Bruno, il fallait plutôt s'adjoindre [3] un expert, expert que Bruno connaissait, bien entendu.

— Laurent Biron, un vieil ami de mon père, est spécialisé dans le domaine du droit d'auteur pour les films. Je le vois souvent. Il vient manger à la maison. Je peux vous garantir qu'il va se faire un plaisir de défendre notre cause. Pour pas cher en plus, puisque c'est le fils de son grand ami qui le lui demande.

Puis, sûr de son coup, il nous confia :

— Autant que vous le sachiez : Tom Paradis est mieux de [4] se tenir les fesses serrées [5] ! Laurent Biron, au cas où vous l'ignoreriez, est non seulement le meilleur, mais c'est aussi, à ce qu'il paraît, le plus dur quand il s'agit de négocier certains différends.

Pour nous, l'affaire était déjà réglée.

\* \* \*

1. **Repaire** (m.) : refuge.
2. **Entamer une poursuite judiciaire** : engager un procès.
3. **S'adjoindre** : prendre, se confier à.
4. **Est mieux de** : en français on dirait « ferait mieux de... ».
5. **Se tenir les fesses serrées** : (fig., pop.) faire attention.

## Chapitre 4 • *Indeed* c'est nous !

Depuis quelques jours, nous sommes sur les dents. L'analyse du dossier entreprise par Me [1] Biron a pris une tournure plutôt désagréable. Nous pensions avoir toutes les misères du monde à mettre la main au collet de Tom Paradis.

À vrai dire, ce fut un jeu d'enfant. Il a simplement fallu que Me Biron fasse parvenir une sommation [2] à Tom Paradis par l'entremise du gérant de *Indeed* pour que nous obtenions aussitôt ses coordonnées.

Le gérant en question, M. James Downs, ne tenait pas du tout à ce qu'il y ait un scandale à propos d'une question de droits d'auteur. Il a donc donné l'adresse de Tom Paradis sans hésiter une seule seconde.

Ne sachant absolument pas où notre « gérant » habitait, il nous avait été impossible de l'atteindre. Maintenant, c'est chose faite : il a pignon sur rue à Ahuntsic [3], plus précisément au 11591, rue Georges-Baril, dans un cottage (nous sommes allés fouiner [4] de ce côté, Mélanie, Jean-François, Bruno et moi et nous en avons conclu que le métier de « gérant » est plutôt lucratif).

Mais le problème n'est pas là. Que Tom Paradis soit riche ou non ne change rien au coup de massue [5] que nous avons reçu en plein front : Tom Paradis affirme qu'il est bel et bien propriétaire des droits d'auteur sur la chanson *Live in the dark*.

Il a même fait parvenir la preuve en produisant un document officiel issu directement du Bureau du droit d'auteur et des dessins industriels du ministère de la Consommation et des Corporations du Canada.

---

1. **Me** : abréviation de Maître, titre donné à un avocat.

2. **Sommation** (f.) : citation, injonction.

3. **Il a pignon sur rue à Ahuntsic** : il a une belle maison dans un quartier au nord de Montréal.

4. **Fouiner** : chercher, mettre le nez.

5. **Coup de massue** : (fig.) coup brutal, nouvelle consternante.

Quand Me Biron a pris connaissance de la photocopie de la formule 10, intitulée « Demande d'enregistrement du droit d'auteur sur une œuvre non publiée », et qu'il y a vu le titre de la chanson, il s'est montré fort embêté [1].

Il a été catastrophé quand il a constaté que Tom Paradis, comme tout plagiaire [2] qui connaît la loi, avait pris soin non seulement de faire enregistrer le titre de la chanson, mais aussi de la faire authentifier sur une feuille à part (paroles et musique) par le Bureau du droit d'auteur.

Devant de tels documents, Me Biron ne pouvait que constater que l'irréparable avait été commis.

— Pas de doute, commenta Me Biron, Tom Paradis détient une bonne longueur d'avance sur nous. Preuve est faite qu'il est l'auteur de *Live in the dark*.

Pour bien nous faire comprendre notre situation, il nous a précisé :

— Vous ne disposez d'aucun élément qui annulerait ses prétentions. Car elle est de taille, cette preuve, puisqu'on ne peut pas mettre en doute la bonne foi du bureau gouvernemental des droits d'auteur dont la fonction est précisément de les régir. Ce serait littéralement absurde...

Bruno ne put s'empêcher de couper la parole à Me Biron en lançant, rouge de colère :

— Oui, mais tout le monde sait que nous sommes les auteurs de cette chanson. On n'a qu'à faire venir les témoins et ils diront tous que nous sommes les auteurs. Je connais dix, vingt, trente personnes qui pourraient prêter serment et jurer que c'est nous qui avons composé *Live in the dark*. Cette chanson est à nous, pas à cet écœurant de Tom Paradis !

— Bruno, calme-toi ! Si tu es incapable de te maîtriser, alors il vaut mieux que tu sortes de mon bureau. Ce n'est pas en gueulant [3] et en criant qu'on va réussir à voir clair dans ce dossier.

---

1. **Embêté** : (fam.) contrarié.
2. **Plagiaire** (m.) : contrefacteur, personne qui copie les ouvrages des autres.
3. **Gueuler** : (fam.) crier.

Et d'un ton sec, Me Biron a ramené Bruno sur terre :

— Pour ton information, Bruno, je peux te garantir que l'avocat de la partie adverse se fera un plaisir de démolir un à un les témoignages de tes amis. Interpréter une chanson ne veut pas dire qu'on en est l'auteur. Tu dois bien savoir qu'il y a des centaines de milliers, des millions, des milliards même d'individus qui chantent les chansons des autres.

Et il a ajouté, presque avec sadisme :

— La situation est d'autant plus à son avantage que le contrat que vous avez signé en présence de Tom Paradis lui donne toute latitude [1] à ce sujet. Il pourrait fort bien vous avoir cédé par gentillesse — saute pas au plafond, Bruno, et continue d'écouter ! — les chansons qu'il a composées. Pourquoi pas, puisqu'il était protégé par le contrat sur lequel vous avez apposé votre signature.

Parti sur sa lancée, il a continué :

— Tu veux une preuve supplémentaire, Bruno ? Regarde attentivement la pochette et l'étiquette de la cassette produite par Tom Paradis. Qu'y vois-tu sinon © Tom Paradis inc., 1993 ? Tu sais ce que cela veut dire ? Eh bien ! que Tom Paradis est l'auteur de toutes les chansons qui apparaissent sur cette cassette.

Finalement, il a conclu :

— Tu en veux plus ? Je suis prêt à gager ma chemise qu'il a fait effectivement déposer un droit d'auteur sur toutes les chansons que vous chantez actuellement. Alors, si tu t'imagines que c'est en jurant que vous êtes les auteurs d'une chanson que vous allez gagner un procès, tu commets une erreur magistrale.

Bruno s'est renfrogné [2]. Il était humilié. Me Biron avait raison. Si on ne procédait pas avec ordre, on n'avancerait pas d'un

---

1. **Donner toute latitude** : donner tout pouvoir.
2. **Se renfrogner** : témoigner son mécontentement par une expression contractée du visage.

pouce dans ce dossier. On devrait faire preuve de beaucoup d'imagination si on voulait battre Tom Paradis sur son propre terrain. Il avait peut-être l'air insignifiant, mais nous étions maintenant convaincus qu'il ne l'était pas.

Me Biron a poursuivi :

— Il faut analyser la situation à froid si on veut s'en sortir. Je crois qu'à cinq, nous allons trouver un indice, un argument, un témoin qui nous permettra de gagner notre procès.

Il nous indiqua alors la méthode qu'il entendait utiliser.

— Pour y parvenir, il faut revoir le film des événements séquence par séquence, depuis les débuts du groupe jusqu'au moment où on a reçu ce document sur la propriété de Tom Paradis. Première question : quand le groupe a-t-il été formé ? Cette question est de toute première importance.

Mélanie, qui a une bonne mémoire des dates, répondit sans hésiter :

— La première fois qu'on en a parlé, c'était pendant les vacances de Noël, il y a deux ans. Je me souviens très bien : c'était le 19 décembre 1992, le jour de la fête de ma mère.

— À cette époque, les chansons étaient-elles composées ?

Comme je suis celui qui avait la tâche de dactylographier les paroles, j'étais à même [1] de lui répondre :

— Non, pas du tout. On a commencé lentement. Je dirais même laborieusement, puisque c'est moi qui dactylographiais les textes des chansons. En général, cela nous prenait quelques semaines avant d'aboutir [2] au texte définitif.

— Est-ce que tu as les différentes versions de tes chansons ?

— À vrai dire, non. J'écrivais mes nouvelles versions par-dessus mes anciennes.

— Par-dessus les anciennes ?

— Oui, je me servais de mon ordinateur. Je veux dire de l'ordinateur de mon père. Il venait tout juste de s'acheter un

---

1. **Être à même de** : être en mesure de, pouvoir.
2. **Aboutir à** : arriver à.

Macintosh. J'ai donc appris à manipuler le logiciel [1] MacWrite en écrivant mes chansons.

— La chanson *Live in the dark* a été composée quand ?

— Au début de février, dans sa version presque définitive. Je ne veux pas avoir l'air de répéter ce qu'a dit Mélanie, mais aussi bizarre que ça puisse paraître, c'était le lendemain de mon anniversaire. Exactement le 4 février 1993.

— Mais as-tu des preuves de ça ?

— Non.

— Bon. Passons à autre chose. Quand avez-vous rencontré Tom Paradis ?

— Quelques jours après notre spectacle, répond Bruno. On a donné notre spectacle le 6 novembre. C'était un samedi. Alexandre a vu Tom au cours de la semaine suivante. Nous avons accepté son offre de gérance et signé le contrat le samedi suivant, c'est-à-dire le 13 novembre...

— Alors, j'ai un très sérieux problème à résoudre ! Car comment expliquez-vous que le dépôt du droit d'auteur effectué par Tom Paradis ait été libellé, je veux dire écrit et produit, le 26 octobre 1993 ?

« L'accusé de réception [2] fourni par le ministère de la Consommation et des Corporations du Canada indique que le document a été reçu le 26 octobre. Si je regarde mon calendrier, le 24 octobre, c'est un dimanche, le 26, un mardi. Tom Paradis a envoyé le manuscrit le lundi matin, sans doute sous pli recommandé. Le texte a été reçu mardi le 26 octobre. »

Il nous a demandé avec insistance :

— Pouvez-vous m'expliquer comment Tom a pu connaître vos chansons plusieurs jours avant même de faire votre rencontre, avant même que vous donniez votre premier spectacle à Brébeuf ? C'est tout de même bizarre, non ?

---

1. **Logiciel** (m.) : programme à utiliser sur l'ordinateur.
2. **Accusé de réception** : avis informant qu'une chose a été reçue par le destinataire.

« C'est tellement bizarre que, si vous ne pouvez pas expliquer le fait que Tom Paradis connaissait vos chansons avant de vous avoir rencontrés, alors nous serons vraiment dans l'eau bouillante. Impossible de convaincre le juge que nous sommes de bonne foi. Notre preuve s'écroule avant même que le procès ait commencé... »

Nous étions abasourdis. Nous ne savions que répondre. Nous étions surtout dépités [1] à la pensée que Me Biron pouvait nous soupçonner de lui mentir. Furieux aussi de constater que ce Tom de malheur était en train de nous avaler comme des petits fours [2].

Pas de doute, il était fort ! C'est nous qui devenions tout à coup les accusés. Une vraie farce ! De quoi hurler de rage... Je croyais bien que j'allais moi aussi perdre patience si les choses continuaient de cette manière.

Me Biron, qui avait fort bien compris notre raisonnement, a tenté de nous rassurer.

— Entendez-moi bien, j'ai une totale confiance en vous. Je vous crois quand vous me dites que vous êtes les auteurs de ces chansons. Cela étant dit, Tom est extrêmement rusé. Il a pris tous les moyens pour être au-dessus de tout soupçon. Il a tout fait pour que ce soit vous qui soyez au banc des accusés !

Il a enchaîné aussitôt :

— Mais là n'est pas la question. Il faut prouver notre droit. Et la seule façon d'y parvenir, c'est de fournir des preuves. Si on ne peut pas démontrer qu'il a pu entendre ou mettre la main sur les paroles et la musique de vos chansons, nous venons de perdre le procès.

Il a bien pesé ses mots avant de lancer :

— La perte sera d'autant plus cuisante que les montants que vous auriez reçus du groupe *Indeed* sont considérables. Car vous

---

1. **Dépité** : irrité et déçu.
2. **Avaler comme des petits fours** : manger en une seule bouchée comme s'il s'agissait de petits gâteaux.

devez savoir que si la loi canadienne de 1921 sur les droits d'auteur est archaïque, celle qui s'applique en Europe et ailleurs, en Australie par exemple, est autrement plus avantageuse pour les auteurs.

Et tournant le fer dans la plaie :

— Écrire des chansons peut rendre millionnaire celui qui s'adonne [1] à cette profession. En Europe, l'auteur d'une chanson doit être en tout temps rémunéré pour l'utilisation que l'on fait de sa création. Dans votre cas, si *Indeed* fait de *Live in the dark* un succès international, cela signifie probablement des centaines de milliers de dollars !

Ensuite, il nous a fait comprendre de quel bois se chauffait notre gérant.

— Tom Paradis le savait. Voilà pourquoi il s'est rendu à Londres. Il espérait faire un bon coup avec l'une ou l'autre des chansons qu'il a fait enregistrer à son nom. Car vous n'êtes pas le seul groupe qu'il a pillé [2]. Tom Paradis, c'est un pirate des droits d'auteur. Il connaît la chanson, c'est le cas de le dire !

Mais pour éviter de nous décourager, il a précisé aussitôt :

— Le prendre la main dans le sac ne sera donc pas chose facile. Mais je suis sûr que nous pourrons y parvenir. Comme tout voleur ou faussaire, il a laissé une trace, un indice. Ce n'est pas possible autrement. Tous les hors-la-loi [3] que j'ai connus éprouvent un irrépressible besoin de laisser sur leur chemin une preuve, un bout de corde qui servira à les pendre. Malgré eux. Comme s'ils voulaient être punis.

Et alors, il a établi son plan d'action :

— Notre problème, c'est qu'il faut jouer les Sherlock Holmes dans des conditions qui ne sont pas faciles. Les événements se sont passés il y a plus d'un an. Or, comme tout le monde le sait, la mémoire est une faculté qui oublie.

---

1. **S'adonner** : se consacrer, se destiner.
2. **Piller** : voler, extorquer.
3. **Hors-la-loi** (m.) : personne qui agit dans l'illégalité.

Et il est revenu à la charge :

— Vous devez donc concentrer tout le champ de votre mémoire sur cette période qui va du 20 au 30 octobre 1993. Je suis convaincu que c'est durant ce court laps de temps qu'il a mis le grappin sur une ou des chansons de votre répertoire, en tout cas sur *Live in the dark*. Dès que Tom a eu en main les paroles et la musique, il les a envoyées au Bureau du droit d'auteur, car il n'avait aucun intérêt à attendre s'il voulait mettre la justice de son côté.

Jean-François qui, comme à son habitude, était resté silencieux depuis le début de la rencontre, bondit tout à coup de son siège.

Non seulement se souvenait-il que *The Nexxtep* avait donné un spectacle devant les enfants du quartier dans le sous-sol de ma maison le samedi 23 octobre, mais de plus — et c'est ce qui le rendait si fébrile — il se souvenait très bien d'avoir vu un jeune garçon se servir d'un magnétophone portatif semblable à ceux qu'utilisent les journalistes pour faire des interviews.

Cela l'avait d'autant plus frappé que son père, qui est journaliste à *La Presse*, venait de s'acheter exactement le même appareil. Cela l'avait drôlement étonné de voir un enfant d'une dizaine d'années s'amuser à « pitonner [1] » sur un magnétophone de cette qualité. Un fan inconditionnel, avait-il pensé. Il nous aime tellement qu'il a emprunté l'appareil de son père pour nous enregistrer...

Nous tenions une piste. C'était formidable. Le malheur, c'est que personne ne se souvenait de cet enfant. Nous étions tous si préoccupés par cette première que nous n'avions rien vu.

— Qu'à cela ne tienne, a annoncé Me Biron. Nous savons qu'un enfant a enregistré l'avant-première de votre spectacle. De deux choses l'une : ou cet enfant était innocent ou il était mandaté [2] par Tom Paradis pour faire ce genre de travail.

---

1. **Pitonner** : (Qc) appuyer sur un bouton ou sur une touche.
2. **Mandaté** : qui agit pour le compte de quelqu'un.

Il fit une pause, puis il a ajouté :

— Quelle que soit la situation, on peut supposer que Tom Paradis a réussi à obtenir cette bande et a pu, grâce à l'enregistrement, reproduire les textes et la musique sans difficulté. La question est de savoir qui était cet enfant. En as-tu une idée, Jean-François ?

— Aucune. Je ne l'avais jamais vu.

— Alors, a repris Me Biron, il faut absolument enquêter [1] auprès de ceux qui étaient là pour savoir de qui il s'agissait. Son témoignage sera déterminant pour le déroulement du procès. Si on peut emmener cet enfant à la barre des témoins et, surtout, lui faire avouer [2] qu'il a remis à Tom Paradis les bandes en question, alors nous avons une chance de nous en tirer.

Et, pour que nous comprenions bien notre difficile situation, il est allé jusqu'au bout de sa pensée :

— Je vous le dis. Nous n'avons pas encore gagné. Pour moi, une chose est claire : la preuve de Tom Paradis est quasi inattaquable. Il ne faut donc pas lâcher la proie pour l'ombre et s'imaginer que cet enregistrement va nous redonner, comme par magie, le droit d'auteur que Tom Paradis prétend détenir sur vos chansons.

À la fin, pour nous donner un peu d'espoir, il nous a décrit sa stratégie :

— Par ailleurs, je dois vous dire que, grâce à ce témoignage, nous pourrons obliger Tom Paradis à se compromettre, à faire des faux pas et, éventuellement, à avouer indirectement sa culpabilité.

Satisfait d'avoir avancé d'un pas dans ce dossier, Me Biron en conclut qu'on pouvait en faire d'autres. Il nous a tous mis à la roue :

1. **Enquêter** : faire une enquête.
2. **Avouer** : admettre, reconnaître.

— Nous allons faire un jeu qui consiste à nous rappeler des souvenirs qui concernent cette période. N'importe quoi. Où vous êtes allés, les rencontres que vous avez faites, les gens à qui vous avez parlé de vos chansons, ceux à qui vous auriez pu les montrer, y compris vos propres parents. Il faut qu'on passe tout au peigne fin.

\* \* \*

Pendant près de trois heures nous avons fait un épuisant [1] exercice de mémoire. Nous nous sommes tout rappelé : les choses les plus belles comme les faits les plus insignifiants. C'est étonnant comment on peut, en groupe, retrouver des morceaux de notre vie passée. Nous avons ri par moments, presque pleuré à d'autres. Mais les résultats, eux, n'ont pas été mirobolants.

Si je me fie à l'air de Mᵉ Biron, je crois bien que le seul fil d'Ariane qui nous permette d'espérer sortir du tunnel, c'est celui de ce petit garçon... dont personne ne se souvient ! Souhaitons qu'on mettra le grappin dessus parce que sinon... adieu les beaux dollars et la célébrité.

---

1.  **Épuisant** : fatigant, exténuant.

## Comprendre le texte

 **1.** Écoutez l'enregistrement (pp. 73-76) et complétez le
texte suivant :

Tom ne donne plus de ses ............... depuis ...............
semaines. Il nous est même impossible d' ...............
sa secrétaire. Nous n'avons plus de contrats et ce
silence nous pèse : c'est bien beau le ..............., mais
à présent nous tournons ............... comme des
............... en ............... . Pour ...............notre temps,
nous avons ...............de nouvelles chansons dont une
en particulier pourrait connaître un certain ...............
puisque les ............... ne sont pas mal du tout et le
............... est super. Comme d'habitude, nous
...............dans notre ..............., mais nous sommes
............... et nous craignons que Tom ait décidé de nous
faire ............... . Pourtant nous ne l'avons pas déçu : loin
de ses ............... prévisions, la cassette s'est ...............
par ............... d'exemplaires. Nous sommes sûrs
qu'avec nous il a réalisé un ............... considérable
sans aucun ............... à fournir. Malgré cela, il a disparu
comme par ................ . Pour essayer d'oublier nos
soucis pour un jour, nous nous sommes ............... les
meilleurs billets pour assister à un spectacle du
............... . Nous avons même passé une nuit à la
............... pour nous assurer les meilleures places.

### Tom a disparu.

- Depuis combien de temps le groupe est-il avec Tom ?

- Combien de spectacles a-t-il donnés ?

- Combien d'argent devrait avoir gagné Tom avec eux ?

- Il est difficile d'évaluer le revenu de la cassette,
  pourquoi ? Quelle somme Tom a-t-il engagée dans
  la production ? Combien a-t-il dépensé ?

- Alors pourquoi Tom aurait-il disparu ?

## 2. Le spectacle au stade olympique.

Repérez dans le texte et transcrivez toutes les informations concernant le groupe en tournée à Montréal :

| | |
|---|---|
| Nom | |
| Nationalité | |
| Composition du groupe:<br>  Belfast<br>  Larry Taylor<br>  Bos Pastor<br>  George Kennif | ...........................................<br>...........................................<br>...........................................<br>........................................... |
| Comment sont-ils habillés? | |

**Quelle atmosphère règne-t-il sur le stade ?**

- **a.** électrisée ☐
- **b.** statique ☐
- **c.** dramatique ☐
- **d.** explosive ☐
- **e.** gelée ☐
- **f.** angoissée ☐
- **g.** surexcitée ☐
- **h.** détendue ☐

**Quels phénomènes naturels sont évoqués pour décrire la situation ?**

- **a.** raz-de-marée ☐
- **b.** orage ☐
- **c.** tonnerre ☐
- **d.** foudre ☐
- **e.** tremblement de terre ☐
- **f.** avalanche ☐
- **g.** séisme ☐
- **h.** éboulement ☐

**Parmi la foule qui attend**

- **a.** il y a des bagarres ☐
- **b.** les fans sont calmes ☐

**c.** il y a des drogués ☐
**d.** quelqu'un a extrait un couteau ☐
**e.** les gens chantent ☐
**f.** la police est prête à intervenir ☐
**g.** les fans sont en extase ☐
**h.** il y a une émeute ☐

**Les 4 artistes se présentent enfin sur la scène illuminée.**

- « On dirait qu'ils volent. Des sauterelles. Des kangourous. Des gourous ». Quel est le sens de cette phrase et quel est le lien qui permet le passage d'un mot à l'autre ?

**La magie est totale jusqu'au moment où Belfast annonce la nouvelle chanson et le nom de son auteur.**

- Pourquoi cette annonce devrait faire hurler de joie le public ?

- Qu'est-ce qui a été clair dès les premières mesures ?

- Comment est interprétée la chanson ?

- Quels mots décrivent la réaction des quatre de *Nexxtep* ?

- La réaction est double et contradictoire. Pourquoi ?

- Comment Tom Paradis est-il défini ?

- Quelle est la réaction de Bruno ? Pourquoi est-elle redoutable ?

- Est-ce qu'ils restent jusqu'à la fin du spectacle ?

### 3. À la sortie du stade...

- Où vont-ils ?

- Quelle décision prennent-ils ?

- Bruno connaît la personne dont ils ont besoin. Pourquoi ? Qui est cette personne ? Dans quel domaine est-elle spécialisée ?

- Peuvent-ils lui faire confiance ?

 **4.** Écoutez l'enregistrement (pp. 83-89) et remplacez les mots soulignés par les synonymes (mots ou locutions) utilisés dans le texte :

L'analyse <u>de l'affaire</u> a pris une tournure <u>peu sympathique</u>. Il n'a pas été difficile de <u>dénicher</u> Tom, il a suffi que Mᵉ Biron lui envoie une <u>citation</u> par l'<u>intermédiaire</u> du gérant de *Indeed* et nous avons <u>tout de suite</u> obtenu <u>son adresse</u>. Il habite à Ahuntsic dans <u>une maison</u> qui nous a fait comprendre que le métier <u>d'imprésario</u> est assez <u>rentable</u>. Tom <u>prétend</u> qu'il est <u>véritablement</u> le propriétaire des <u>copyrights</u> sur notre chanson. Et il a même prouvé ses dires en <u>présentant</u> un document officiel <u>venant</u> du Ministère de la Consommation et des Corporations du Canada. Mᵉ Biron s'est montré <u>très contrarié</u> lorsqu'il a <u>vu</u> la photocopie de <u>l'imprimé</u> 10 qui attribue à Tom la propriété de *Live in the dark*, mais il a été <u>encore plus choqué</u> lorsqu'il s'est aperçu que Tom a même voulu <u>déposer officiellement</u> sur une feuille à part les paroles et la musique. Ceci donne au plagiaire <u>un gros avantage</u> puisque c'est une preuve <u>importante</u>. De plus, la cassette porte le copyright de Tom et le contrat où nous avons <u>mis</u> notre signature confirme ses prétentions. Inutile de convoquer au tribunal des dizaines de témoins pour <u>jurer devant la loi</u> et dire que c'est nous les auteurs : ils ne sauraient pas le prouver. D'ailleurs Mᵉ Biron est prêt à <u>mettre sa main au feu</u> que Tom a fait de même pour toutes nos chansons.

## 5. Chronologie du groupe.

Me Biron veut reconstituer l'histoire du groupe dans les moindres détails afin de trouver le point faible dont Tom a si bien su profiter. Complétez en indiquant les faits qui se sont produits aux dates indiquées :

19 décembre 1992 : ..................................................
..................................................................

4 février 1993 : ....................................................
..................................................................

23 octobre 1993 : ..................................................
..................................................................

25 octobre 1993 : ..................................................
..................................................................

26 octobre 1993 : ..................................................
..................................................................

6 novembre 1993 : .................................................
..................................................................

Un jour de la semaine du 6 au 13 novembre 1993 :.......
..................................................................

13 novembre 1993 : ................................................
..................................................................

12 octobre 1994 : ..................................................
..................................................................

- Pourquoi les deux premières dates leur reviennent à la mémoire sans aucun effort ?

- Qui était chargé de transcrire les textes des chansons ? Comment le faisait-il ? La première version était-elle définitive ?

- Qu'est-ce qui étonne Me Biron ?

- Pourquoi les quatre amis se sentent mal à l'aise devant l'avocat ?

- Que dit-il pour les rassurer ?
- Qu'est-ce qui est en jeu dans ce procès ?

**6. M^e Biron dit qu'il faut jouer les Sherlock Holmes...**

### ... et faire le maximum pour

- **a.** mettre le grappin sur Tom ☐
- **b.** prendre Tom les mains dans le sac ☐
- **c.** trouver le bout de corde qui servira ☐
  à pendre Tom

### Ce sera difficile parce que Tom est

- **a.** rusé ☐
- **b.** raseur ☐
- **c.** rustre ☐

### ... mais c'est aussi un

- **a.** voleur ☐
- **b.** hors-la-loi ☐
- **c.** corsaire ☐

### Il a sans doute laissé derrière lui

- **a.** un indice ☐
- **b.** une trace ☐
- **c.** un mobile ☐

### C'est alors que Jean-François

- **a.** saute sur son siège ☐
- **b.** tombe de son siège ☐
- **c.** s'assied sur son siège ☐

### Il se souvient avoir vu un gamin de 10 ans avec

- **a.** un magnétoscope ☐
- **b.** un magnétophone ☐
- **c.** un appareil photo ☐

# A C T I V I T É S

Il a pensé à un fan
- **a.** conditionné ☐
- **b.** inconditionné ☐
- **c.** inconditionnel ☐

... alors que c'était
- **a.** sûrement un complice de Tom ☐
- **b.** un ami de Tom ☐
- **c.** peut-être quelqu'un mandaté par Tom ☐

## Apprendre la langue

**1.** Expliquez les expressions suivantes :

*Être la vache à lait de quelqu'un* : ....................................
..............................................................................
..............................................................................

*Le marché noir* : ........................................................
..............................................................................
..............................................................................

*Passer une nuit à la belle étoile* : ...............................
..............................................................................
..............................................................................

*Savoir de quel bois il se chauffe* : ..............................
..............................................................................
..............................................................................

*Peser ses mots* : ......................................................
..............................................................................
..............................................................................

*Prendre quelqu'un les mains dans le sac* : ..................
..............................................................................
..............................................................................

*Il ne faut pas lâcher la proie pour l'ombre* : ...................
..........................................................................
..........................................................................

*Mettre quelqu'un à la roue* : ...................................
..........................................................................
..........................................................................

*Passer quelque chose au peigne fin* : ....................
..........................................................................
..........................................................................

*Le fil d'Ariane* : ......................................................
..........................................................................
..........................................................................

**2.** Choisissez la définition qui convient :

*Détenir une longueur d'avance*

- **a.** anticiper ☐
- **b.** arriver à l'avance ☐
- **c.** avoir un avantage ☐

*Prêter serment*

- **a.** faire un sermon ☐
- **b.** jurer qu'on dira la vérité ☐
- **c.** donner sa parole ☐

*Être au banc des accusés*

- **a.** l'avocat interroge l'accusé ☐
- **b.** l'avocat est assis au même banc que ☐
  son client, l'accusé
- **c.** être accusé de quelque chose ☐

*Mettre la justice de son côté*

- **a.** fournir les preuves ☐
- **b.** ne pas avoir de problèmes avec ☐
  la justice
- **c.** s'assurer d'être dans la légalité ☐

*Emmener quelqu'un à la barre des témoins*

   **a.** forcer quelqu'un à avouer quelque  ☐
       chose

   **b.** faire parler un témoin devant  ☐
       le tribunal

   **c.** s'asseoir derrière une barre avec les  ☐
       autres témoins

*Avoir une chance de s'en tirer*

   **a.** de résoudre un problème  ☐
   **b.** de s'en aller  ☐
   **c.** de sortir d'une situation difficile  ☐

## Réfléchir et approfondir

**1.** Après tout ce que vous avez lu, vous devriez à présent savoir beaucoup de choses sur les droits d'auteur. Essayez de réunir tous les renseignements contenus dans le chapitre, en précisant aussi s'ils sont régis par la même loi partout dans le monde.

**2.** Tom est un pirate des droits d'auteur, mais il y a aussi d'autres formes de piratage (par exemple la reproduction illégale ou la contrefaçon) au détriment des brevets industriels, des marques ou griffes, etc. Dites en quoi cela consiste. Quelles sont à votre avis les dimensions de ce phénomène et pourquoi est-il à condamner ?

**3.** Alex brosse un portrait de Bruno. Quelles qualités lui reconnaît-il ? Quels défauts ? Pourquoi c'est lui l'ami qu'il aime le plus ?

# Chapitre 5

## Un cri dans la nuit

Q UAND JE PENSE qu'on n'a pas réussi à mettre la main sur le petit morveux [1] au magnétophone, c'est bien simple, j'ai le goût de tout casser ! Le plus enrageant, c'est que presque tout le monde présent lors de cette avant-première se souvient de l'avoir vu, mais personne ne peut dire qui il était. Un inconnu. Un fantôme. Un extraterrestre.

Faut pas être sorcier pour deviner que Tom Paradis avait soudoyé [2] ce jeune garçon. Dès que notre spectacle a été terminé, il s'est précipité dehors pour lui remettre les bandes enregistrées.

Comment prouver notre propriété sur les chansons si on ne peut pas le retrouver ? Sans son témoignage, on est cuits [3]. Impossible de confondre Tom Paradis, de le plonger dans l'eau

---

1. **Morveux** (m.) : (fam.) enfant, gamin.
2. **Soudoyer** : payer pour s'assurer un service pas toujours honnête.
3. **Être cuit** : ici, être ruiné, vaincu.

bouillante. Ah ! que j'aimerais donc ça l'enfoncer [1] moi-même dans la casserole.

\* \* \*

Ça fait trois jours que je refuse de voir qui que ce soit. Ma mère s'inquiète. Je n'ose pas lui dire que notre manque d'expérience nous a perdus et que c'en est fait [2] de nos prétentions sur toutes les chansons que nous avions composées.

Tom Paradis nous a bien possédés [3]. Il nous a siphonnés [4]. Il a pressé notre imaginaire comme un citron. Nous étions ses zombis. Nous travaillions pour lui. Nous pondions [5] des chansons qu'il vendait ensuite en Europe. Il profitait de nous. Et maintenant qu'il a obtenu tout ce qu'il attendait de nous, il nous donne notre congé. Finis les contrats. Adieu les spectacles.

Depuis que nous savons que nous ne pourrons jamais mettre le grappin sur le petit sacripant [6] qui a enregistré nos compositions, nous avons perdu tout goût à la chanson. Comment chanter sur des paroles et des musiques qui nous ont été volées ? Nous avons perdu la voix et, avec elle, une partie de notre vie.

\* \* \*

Les jours passent et les nouvelles sont toujours aussi déprimantes. Me Biron s'est rendu à Ottawa [7], au ministère de la

1. **Enfoncer** : pousser vers le fond.
2. **C'en est fait** : (fam.) c'est fini.
3. **Posséder** : ici, tromper, duper.
4. **Siphonner** : (Qc) vider de tout le contenu; ici, sucer toute la sève.
5. **Pondre** : (fig.) produire, créer.
6. **Sacripant** (m.) : vaurien, bandit.
7. **Ottawa** : capitale fédérale du Canada, dans le territoire de l'Ontario mais aux confins avec le Québec, à 200 km de Montréal.

Consommation et des Corporations du Canada. Son hypothèse s'est révélée juste.

Tom Paradis a fait enregistrer toutes les chansons de notre répertoire à son nom. Il a fait de même avec des dizaines d'autres chansons. Nous ne sommes pas les seuls à avoir été bernés [1]. Cela change quoi ? Et les autres, ont-ils une chanson interprétée par le groupe *Indeed* ?

Le plus insupportable dans toute cette histoire, c'est qu'on entend constamment *Live in the dark* à la radio et à la télévision. J'en ai des brûlures à l'estomac. C'est devenu le grand succès au Canada comme aux États-Unis.

Les chances que *Live in the dark* traverse les continents sont presque certaines. La chanson va se promener du Japon à l'Australie, de la France à l'Italie, de la Hollande à la Hongrie. Le tour du monde à nos frais [2], bordel ! Une fortune selon Mᵉ Biron.

Inutile de dire qu'il passe tout au peigne fin. Il veut nous réunir encore une fois. Il nous offre d'être notre négociateur [3] dorénavant. Il prendra une commission de dix pour cent sur les revenus.

Il sait qu'il détient une mine d'or, si toutefois il réussit à démasquer Tom Paradis. Et, entre nous, cette perspective semble l'intéresser au plus haut point. Il met le paquet [4], Mᵉ Biron. Il a même fait suivre Tom Paradis. Il a fait photographier ses deux enfants. L'opération n'a rien donné. Étienne et Nicolas, âgés respectivement de 10 et 11 ans, ne correspondent absolument pas à la description du garçon aperçu dans notre sous-sol lors de notre spectacle.

---

1. **Berné** : fraudé, trompé, trahi.
2. **À nos frais** : ici, grâce à nous.
3. **Négociateur** (m.) : gérant, imprésario.
4. **Mettre le paquet** : (fam.) faire le maximum, employer les grands moyens.

M^e Biron est vraiment dépité. Il était convaincu que Tom Paradis avait utilisé ses enfants pour faire ce sale boulot [1] d'enregistrement. Il s'est trompé. Il n'en revient pas [2]. Selon lui, Tom Paradis est le plus fort plagiaire qu'il ait jamais rencontré. Un spécimen [3]. Il a incontestablement signé le parfait plagiat.

— D'ordinaire, dit-il, il est assez facile de trouver une faille dans le système d'un plagiaire. Et quand on n'en trouve pas, on se penche [4] sur son passé et on découvre à tout coup qu'il a commis des délits semblables. Alors on a beau jeu auprès d'un juge de mettre en doute la totale innocence du poursuivi [5].

Le cas de Tom Paradis l'impressionne.

— Aucune trace d'accusation malgré des recherches méticuleuses. C'est à s'arracher les cheveux. J'ai dépensé une petite fortune sur ce dossier. Et comme vous savez que la seule façon de me rembourser, c'est de prendre en faute Tom Paradis, vous comprendrez que je vais faire l'impossible pour percer [6] son mystère.

Nous sommes un peu inquiets. S'il fallait qu'il nous refile la facture, nous serions à coup sûr ruinés. Mais il nous rassure.

— Je vous l'ai dit, je ne vous demanderai pas d'honoraires [7]. Mais si je gagne, je deviens votre avocat négociateur. C'est ma condition. Et je vous jure que vous ne ferez plus jamais une gaffe pareille.

Je ne vois aucune objection à prendre M^e Biron pour avocat.

---

1. **Sale boulot** : (fam.) travail malhonnête.
2. **Il n'en revient pas** : il n'arrive pas à le croire.
3. **Spécimen** (m.) : exemple, exemplaire représentatif.
4. **Se pencher** : (fig.) tourner son attention vers.
5. **Poursuivi** (m.) : accusé.
6. **Percer** : ici, découvrir, dévoiler.
7. **Honoraires** (m. pl.) : somme payée pour les services rendus dans les professions libérales.

Je trouve même que ce serait chouette [1]. Le problème c'est que si nous perdons notre procès, nous n'aurons vraiment pas besoin de ses services. Négocier quoi ? Je vous le demande. Notre absence de contrats ? La fin de notre groupe ? Juste à y penser, j'ai le goût de brailler [2]. Et dire que si nous n'avions pas été aussi stupides, nous serions riches à l'heure qu'il est.

\* \* \*

Mélanie vient de me téléphoner. Si je me fie à sa voix d'outre-tombe, elle est encore plus déprimée que moi. De fait, sans autre préambule, elle m'a demandé d'aller la rencontrer. Ça paraissait si urgent que j'ai accepté, même si d'ordinaire je ne sors pas pendant la semaine. Nous nous sommes donné rendez-vous au parc Pratt.

Quand je suis arrivé, elle était assise sur un banc à fixer le petit étang. Elle a lentement levé la tête vers moi et j'ai vu dans ses yeux toute la détresse [3] du monde. Que lui est-il arrivé, bon Dieu, pour qu'elle soit si profondément malheureuse ?

Je lui ai fait la bise [4], puis je me suis assis à ses côtés. Je me suis tu. J'attendais qu'elle parle. Il y a eu un long silence, puis Mélanie a posé sa tête sur mon épaule. Moi, j'ai mis mon bras autour de son épaule. Nous sommes restés ainsi quelques secondes.

Tout à coup, Mélanie a éclaté en sanglots. Sa peine avait l'air si intense que cela me faisait mal au cœur. Je me sentais démuni. Je ne savais vraiment pas quoi dire. Alors j'ai passé ma main dans ses cheveux.

---

1. **Chouette** : (fam.) bien, sympathique.
2. **Brailler** : (fam.) pleurer.
3. **Détresse** (f.): tristesse, désespoir.
4. **Faire la bise** : embrasser sur les joues.

Elle a levé la tête vers moi. Elle m'a regardé de ses yeux mouillés. Elle était touchante. Puis elle a de nouveau fondu en larmes. Elle pleurait à gros sanglots sur mon épaule.

Je la serrais contre moi et je sentais son corps secoué de spasmes. J'étais touché au plus profond de moi. Et je me disais en même temps que cette peine ne m'appartenait pas. Quelque chose comme un secret qu'elle ne pouvait pas dire pour l'instant, mais que ses larmes, sa longue plainte et son corps hoquetant [1] me laissaient deviner.

Elle pleurait sur mon épaule, incapable de se retenir, obligée surtout de se défouler, de se départir d'une peine qui l'étouffait, alors que moi, je sentais que j'étais à la fois nécessaire et inutile. Et je passais ma main dans ses cheveux, et je caressais sa joue pour essuyer du même coup ses larmes et je lui disais :

— Laisse-toi aller, pleure tant que tu voudras. Je suis là pour te consoler, ma Mélanie, ma petite sœur.

Et, m'entendant, Mélanie repartait de plus belle. Je savais que c'était ce qu'il fallait faire. Je savais qu'elle avait besoin de laisser sortir par saccades [2] la douleur coincée [3] dans sa gorge, bloquée quelque part entre son cœur et ses lèvres. Et, de fait, cela sortait comme un torrent, roulait sur mes épaules, mouillait ma chemise d'une eau chaude et salée...

Puis à la fin, elle m'a dit comme ça, sans autre explication :

— Tu ne peux savoir à quel point tu es chanceux d'avoir un père et une mère...

En temps normal, je lui aurais répondu que c'est deux fois plus insupportable. J'aurais même ajouté que je bénis ceux qui ont la chance de vivre dans une famille monoparentale, mais à quoi bon. Je sais ce que souffre Mélanie. Le souvenir du divorce

---

1. **Hoquetant** : secoué par les pleurs.
2. **Par saccades** : par à-coups, par soubresauts.
3. **Coincé** : bloqué.

de ses parents et de la mort, quelques années plus tard, de son père l'obsède. Il vient souvent la hanter. Je sais qu'elle n'arrivera jamais à l'effacer de sa mémoire. Jamais. Une brûlure sur son corps et sur son âme. Une blessure indélébile...

Mais j'ai promis de ne rien dire au sujet du secret de Mélanie.

\* \* \*

— Incontestablement, je suis un génie !

C'est ce que je me suis dit hier soir et, pour être sûr que je ne serais pas le seul à le penser, j'ai lancé mon cri de la victoire. Il était si aigu que mes parents sont arrivés en courant dans le bureau de papa où je me trouvais, persuadés qu'on venait de me saigner à blanc[1].

Quand ils ont vu que j'étais toujours vivant et, qu'en plus, je souriais de toutes mes dents, ils ont changé d'air et là, j'ai eu droit à une engueulade en règle[2]. « Es-tu malade ? Mais qu'est-ce qui te prend de crier comme si tu venais d'être égorgé ? Te rends-tu compte qu'il est minuit et que ton père et moi dormions ? Tu veux absolument nous faire faire une crise cardiaque. »

Et mon père, encore plus furieux, d'enchaîner :

— Si je ne me retenais pas, je pense que je te mettrais mon pied au cul ! À cause de ton cri de fou furieux, c'est sûr que je n'arriverai plus à fermer l'œil avant au moins deux heures. Et comment je vais faire pour me lever à cinq heures demain matin ? Car, au cas où tu l'ignorerais, je dois remettre un article sans faute demain. Merde de merde de merde ! Un jour, je crois bien que tu vas me rendre fou !

Mon père se prend pour un écrivain. Depuis des années, il se lève à l'heure des poules. C'est devenu un rituel sacré. Il dit que

---

1. **Saigner à blanc** : égorger et laisser exsangue.
2. **Engueulade en règle** : réprimande solennelle.

l'inspiration lui vient à cette période de la journée quand tout est calme.

J'avoue que je comprends mal. Entre nous, il faut être un peu malade pour s'extraire du lit à cinq heures du matin. Le soleil n'est même pas levé ! Des fois, je me demande s'il n'est pas un peu masochiste.

Mais la question n'est pas là. Il y a simplement que je viens d'avoir une idée si extraordinaire que je n'ai pas pu m'empêcher de hurler de joie. Je mets donc la pédale douce. Puis je m'explique :

— Écoute, papa, je m'excuse. Je sais que c'est ridicule ce que je viens de faire, mais je ne pouvais pas résister au besoin de me défouler. Tu sais que notre procès est perdu d'avance. La preuve de Tom Paradis est irréfutable [1]. Me Biron ne le dit pas, mais cela n'y changera rien.

« De savoir que ce prétentieux va me rire au nez et se promener en Mercedes, alors que c'est plutôt moi qui devrais être à sa place, me rend fou. Or, pendant que je travaillais, il m'est venu une idée géniale qui pourrait sans doute nous sortir du pétrin [2]. J'en suis tellement convaincu que je n'ai pas pu me retenir de crier ma joie.

« Comment ne pas hurler quand je sais que Tom Paradis arpentera [3] bientôt les couloirs d'une prison et que c'est moi qui conduirai la Mercedes ? Tu ne crois pas que ça mérite un petit écart de conduite ? »

— Je te répondrai après que tu m'auras expliqué ton idée « géniale ». Et si jamais ta trouvaille était sans fondement, je te jure que je te tords le cou. Alors, raconte et sois bref parce qu'il faut que je dorme ! J'ai promis de porter mon article avant midi au bureau de la revue.

---

1. **Irréfutable** : indiscutable, incontestable.
2. **Pétrin** (m.) : (fam.) situation difficile d'où il semble impossible de sortir.
3. **Arpenter** : parcourir à grands pas.

J'ai expliqué à papa que, dans le procès qui nous oppose à Tom, la seule preuve qui soit recevable aux yeux du juge doit porter sur une question d'antériorité. Si on peut prouver hors de tout doute que nous avons écrit les chansons avant Tom, nous sommes sauvés. Et alors, fier de moi, je lui ai fait part de ma découverte.

Il me regarde incrédule.

— Vraiment, il fallait y penser. Et pourtant, c'était si évident.

Et mon père qui n'est pas trop généreux de ses compliments, a tout de même l'honnêteté de me lancer une fleur qui ressemble à s'y méprendre à un bouquet.

— Peut-être que je me suis trompé sur ton compte. Tu es sans doute plus intelligent que je ne le pensais. En tout cas, ton idée est... géniale.

— C'est ce que je t'avais dit aussi !

Nous nous sommes tous mis à rire, puis papa et maman sont allés se coucher. Ils étaient contents pour moi et, finalement, pas trop fâchés que je les aie réveillés en sursaut. Après tout, ce n'est pas tous les jours qu'un coup de génie nous frappe en plein front ! Ça mérite bien un petit cri de défoulement, non ?

Avant de quitter la pièce, maman m'a conseillé :

— Téléphone à Me Biron dès l'ouverture de son bureau. Ton idée me paraît bonne, mais seul un avocat pourra te confirmer si elle est juridiquement valable.

Chère maman ! Toujours aussi prudente. « Il ne faut pas vendre la peau de l'ours avant de l'avoir tué », répète-t-elle à propos de tout et de rien. Mais aujourd'hui, elle s'est mis un doigt dans l'œil, car l'ours mal léché qui s'appelle Tom Paradis, eh bien, je viens de le tuer et, avec sa peau, je ferai fortune !

\* \* \*

À peine l'aiguille de ma montre avait-elle touché neuf heures que j'avais déjà téléphoné au bureau de Me Biron. Sa secrétaire m'a répondu avec un entrain [1] qui paraissait forcé (« quel enquiquineur [2] ! », a-t-elle dû se dire) pour ensuite m'assurer que Me Biron me téléphonerait dès qu'il arriverait au bureau. Voulant être absolument convaincu qu'elle lui donnerait le message, je me suis fait insistant.

— Dites-lui que c'est de toute première importance et que l'issue [3] du procès qui nous concerne en dépend.

Et ne pouvant résister à la démangeaison [4] qui me torturait la langue, je lui ai lancé :

— Dites-lui que j'ai trouvé une preuve irréfutable et que notre procès est gagné d'avance.

Sceptique, la secrétaire m'a répondu :

— Soyez sans crainte, je lui transmettrai le message.

J'aurais voulu la gifler [5] ! Bien sûr qu'elle lui fera le message et que Me Biron me rappellera dès qu'il aura mis le pied dans son bureau. Là n'est pas la question. Ce qui m'horripile, c'est que cette secrétaire me juge comme si j'étais un enfant. À ses yeux, je suis un jeune prétentieux qui ne connaît rien à la loi et qui voudrait en montrer à son patron.

Des gens de mon espèce, elle en a vu des dizaines. Elle a aussi pu voir plus d'une fois comment Me Biron réduisait à néant les arguments « irréfutables » de ses clients. Heureusement que je la sais totalement dévouée [6] à Me Biron, car sinon je crois que je ne lui ferais pas confiance. Je téléphonerais à Me Biron sans arrêt. Mais, j'en suis sûr, elle lui dira, d'un air un tantinet méprisant :

1. **Entrain** (m.) : enthousiasme, vivacité.
2. **Enquiquineur** (m.) : (fam.) individu ennuyeux et importun.
3. **Issue** (f.) : résultat, conclusion.
4. **Démangeaison** (f.) : prurit, irritation.
5. **Gifler** : frapper sur la joue, du plat ou du revers de la main.
6. **Dévoué** : fidèle.

— Maître Biron, vous avez reçu un appel urgent d'Alexandre de Vertefeuille. Il affirme — mon Dieu que les jeunes sont prétentieux ! — qu'il vient de découvrir une preuve qui vous permettra de gagner le procès.

Et pendant que je rêvais à cette conversation entre Me Biron et sa secrétaire, le téléphone a sonné. Je me suis précipité sur l'appareil pour aussitôt confier à Me Biron, car c'était lui, que j'avais trouvé la solution à notre problème.

— Mes parents croient comme moi qu'il s'agit d'une preuve irréfutable.

Alors sans même me laisser le temps d'enchaîner 1, Me Biron m'a coupé la parole.

— Si c'est le cas, alors viens directement à mon bureau. Je ne veux pas qu'on en parle au téléphone.

Décidément, Me Biron est un vrai professionnel.

* * *

En moins de deux, j'étais rendu chez Me Biron et je lui expliquai ma découverte. Il m'écouta très attentivement, me demanda des précisions. Puis à la fin, il dit :

— Je crois que cette fois, nous détenons une preuve qui pourra nous tirer du pétrin dans lequel nous étions embourbés 2. Mais il faut avant tout consulter un expert pour connaître son avis. S'il confirme ton hypothèse, alors il sera invité à témoigner lors de notre procès. Je fais donc toutes les démarches nécessaires et je me croise les doigts. Car s'il fallait qu'il détruise ton argumentation, nous serions fichus. Dans le cas contraire, nous avons toutes les chances de gagner le procès.

Encore une fois, et pour éviter que je crie victoire sur tous les

---

1. **Enchaîner** : ici, continuer.
2. **Embourbé** : pris, bloqué.

toits, il m'a mis en garde :

— Il faut être très prudent dans cette affaire. Il est essentiel que la partie adverse ne sache absolument pas ce que nous tramons. Elle pourrait payer le gros prix pour manigancer [1] une contre-expertise et mettre en doute nos prétentions. Alors je t'en prie, Alexandre, garde le silence sur toute cette affaire. Tu n'en parles même pas à tes copains.

J'ai promis puis je suis parti, un peu déçu que Mᵉ Biron ne m'ait pas dit que j'étais un génie. Il faut croire qu'il a oublié. Ah ! les avocats...

---

1. **Manigancer** : comploter, tramer; ici, organiser.

# A C T I V I T É S

## Comprendre le texte

### 1. L'enquête marque le pas.

Le problème à résoudre est l'identité du garçon que Tom avait

- **a.** soudé ☐
- **b.** soudoyé ☐
- **c.** soldé ☐

Tout le monde se souvient avoir vu quelqu'un

- **a.** enregistrer les chansons ☐
- **b.** trafiquer avec un magnétoscope ☐
- **c.** se précipiter dehors et remettre ☐
  l'enregistrement à Tom

La mère d'Alex est inquiète parce que

- **a.** son fils ne veut plus chanter ☐
- **b.** son fils lui a tout expliqué ☐
- **c.** elle voit son fils déprimé et ne ☐
  sait pas pourquoi

Entre-temps *Live in the dark*

- **a.** passe parfois à la radio ☐
- **b.** est le succès du moment ☐
- **c.** se vend très peu ☐

### 2. Me Biron n'est pas resté inactif.

- Où s'est-il rendu ? Qu'est-ce qu'il a découvert ?

- Pourquoi a-t-il fait suivre Tom ?

- Il pensait trouver une faille qui lui permette de démasquer Tom. Sur quoi se fondait sa conviction ?

- Il réunit le groupe pour faire une proposition. De quoi s'agit-il ?

# A C T I V I T É S

- Quelle contrepartie offre-t-il ? Ses prétentions sont-elles acceptables ? Les quatre de *Nexxtep* sont-ils d'accord ?

### 3. Mélanie est malheureuse.

- Que fait-elle pour se défouler ?

- Quel lieu choisit-elle pour rencontrer Alex ? Y a-t-il une longue conversation entre eux ?

- Quelle est la chance d'Alex aux yeux de Mélanie ?

- Alex parle d'un secret qui obsède la jeune fille. De quoi s'agit-il ? Pourquoi en souffre-t-elle autant ?

**4.** Écoutez l'enregistrement (pp. 108-112) et répondez :

|  | Vrai | Faux |
|---|---|---|
| **a.** Alex travaille en pleine nuit dans le bureau de son père. | ☐ | ☐ |
| **b.** Il lance un cri de victoire qui réveille ses parents en sursaut. | ☐ | ☐ |
| **c.** Son père croit qu'il est malade. | ☐ | ☐ |
| **d.** Sa mère a failli avoir une crise cardiaque. | ☐ | ☐ |
| **e.** Son père devrait se lever à cinq heures pour écrire un article. | ☐ | ☐ |
| **f.** Il a promis de remettre l'article avant midi. | ☐ | ☐ |
| **g.** Alex lui explique qu'il a trouvé la manière de se mettre dans le pétrin. | ☐ | ☐ |
| **h.** Il est sûr de pouvoir prouver l'antériorité de sa création par rapport aux dates du dépôt de Tom. | ☐ | ☐ |
| **i.** Il expose sa trouvaille et son père réplique incrédule que c'est une banalité. | ☐ | ☐ |

|  | Vrai | Faux |
|---|---|---|
| **j.** Sa mère lui lance des fleurs. | ☐ | ☐ |
| **k.** Elle admet que l'idée est géniale, mais elle l'invite à être prudent et à ne pas se faire d'illusions. | ☐ | ☐ |

## 5. Une idée géniale ?

• Quelle peut être la découverte qu'Alex vient de communiquer à son père ? Faites des hypothèses.

• Que signifie le proverbe de la peau de l'ours cité par la mère d'Alex ? Est-il pertinent à la situation ? Y a-t-il d'autres proverbes dans votre langue qui expriment la même idée ?

• Alex réplique en adaptant le proverbe à la situation. De quelle manière ?

## 6. Le coup de téléphone.

Le matin suivant Alex téléphone à l'avocat. Me Biron n'étant pas encore au bureau, c'est sa secrétaire qui répond. Alex garde une impression désagréable de cette conversation.

Écoutez l'enregistrement (pp. 111-112) et complétez les phrases suivantes (un ou plusieurs mots, selon le cas) :

• Alex a téléphoné dès l'ouverture du bureau, à .................. heures.

• La secrétaire a répondu avec ....................................
................................................................................. .

• Elle devait se dire : « ...........................................
................................................................ ! ».

• Elle a assuré que Me Biron ........................................
dès qu'il............................................................... .

- Alex a insisté pour qu'elle lui transmette le message suivant : « ......................................................
......................................................... ».

- Et, incapable de se retenir, il a même ajouté : « .......
......................................................... ».

- La secrétaire a répondu sur un ton ........................,
« ...................................................... ».

- Alex n'est pas satisfait. Aux yeux de la secrétaire il n'est qu'un .............................................. .

- Il est sûr qu'elle dira d'un air ...................................
.......................... qu'il y a eu un .....................
........................... d'Alexandre de Vertefeuille.

- D'ailleurs, en parlant avec l'avocat, Alex n'a pas eu le temps de donner les détails puisque Me Biron lui a ...................................................... .

- Me Biron est un vrai ............................................. car il ne parle pas des affaires délicates au téléphone.

## 7. La mise en garde.

- La prudence de Me Biron est-elle justifiée ? Qu'est-ce qu'il craint ?

- Quelle promesse doit faire Alex ? Pourquoi est-il déçu ?

## Apprendre la langue

**1.** Expliquez les expressions suivantes :

*Lancer une fleur* (en général au pluriel : *jeter, envoyer des fleurs*) :.................................................................
...................................................................................
...................................................................................

*Couper la parole* :..........................................................
...................................................................................
...................................................................................

*Croiser les doigts* :........................................................
...................................................................................
...................................................................................

*Crier victoire sur tous les toits* :...................................
...................................................................................
...................................................................................

**2.** Choisissez la définition qui convient :

*Donner son congé à quelqu'un*

    **a.** accorder des vacances à quelqu'un    ☐
    **b.** saluer quelqu'un avant de le quitter    ☐
    **c.** mettre fin à un rapport de travail    ☐

*Avoir beau jeu*

    **a.** être fair-play    ☐
    **b.** être facilité    ☐
    **c.** être habile au jeu    ☐

*À quoi bon ?*

    **a.** pourquoi ?    ☐
    **b.** au profit de qui ?    ☐
    **c.** de quel droit ?    ☐

*Es-tu malade ?*

    **a.** tu te sens mal ?        ☐

    **b.** tu es fou ?             ☐

    **c.** tu as fait une bêtise ?   ☐

*En moins de deux*

    **a.** être seul             ☐

    **b.** très vite              ☐

    **c.** peu de temps après   ☐

## Réfléchir et approfondir

**1.** Mélanie est plus fragile et plus sensible que les autres. Pourquoi ? Est-ce que sa mère pourrait l'aider à surmonter les moments difficiles de son adolescence ? Alex est son confident : a-t-il raison de ne pas révéler son secret ?

**2.** La déception de Mélanie vis-à-vis de Tom est peut-être plus grande que celle de ses amis. Pour quelle raison ?

**3.** Après son entretien téléphonique avec la secrétaire de Mᵉ Biron, Alex est déçu et irrité. Son impression est-elle fondée ? Il reproche aux adultes de ne pas faire assez confiance aux adolescents. A-t-il raison ?

**4.** Mᵉ Biron est un vrai professionnel qui travaille très consciencieusement. Qu'est-ce qui justifie cette affirmation ?
Cette affaire lui tient à cœur pour plusieurs raisons. Lesquelles ?

# Chapitre 6

## Le procès

ENFIN LE PROCÈS ! Espérons que tout marchera sur  des roulettes. Personne, sauf Me Biron et moi, ne sait quelle surprise nous réservons à Tom Paradis.

S'il le savait le pauvre, il n'aurait pas cet air triomphant. Pour l'instant, il nous regarde de haut. Son avocat, Me Bellehumeur, a l'air, lui aussi, tout à fait sûr de son succès. Pour eux, il ne fait aucun doute que l'affaire est dans le sac.

Il lui chuchote quelque chose à l'oreille. Sans doute veut-il que son client adopte une attitude plus humble dès que le juge paraîtra. Me Bellehumeur doit lui dire : « Il vaut toujours mieux éviter de lui être antipathique. Dans ces procès, il faut tout surveiller, même les manières de rire ou pleurer... » Rira bien qui rira le dernier.

Le juge Théberge s'amène dans son accoutrement d'usage [1]. Puis le procès débute. Il faut lire les chefs d'accusation, citer les noms de tous, y compris ceux des témoins, et expliquer en quoi il y a eu malversation [2].

---

1. **Accoutrement d'usage** : habillement bizarre mais typique des juges.
2. **Malversation** (f.) : faute grave commise par cupidité dans l'exercice d'une charge.

C'est Me Biron qui se charge de cette opération, puisque nous sommes les demandeurs. Ensuite, il revient [1] à la partie adverse de faire la même chose en précisant pourquoi l'accusation semble mal fondée.

Me Biron enchaîne en faisant défiler à la barre des témoins la plupart de ceux qui ont assisté à l'avant-première de notre spectacle. Tous, évidemment, sont convaincus que nous sommes les auteurs de nos chansons. Là-dessus, ils sont catégoriques, sauf qu'à chaque témoignage l'avocat de la partie adverse demande, lui, des preuves tangibles.

— Avez-vous vu l'un des membres du groupe *The Nexxtep* écrire devant vous la chanson *Live in the dark* ?

Dès l'instant où la réponse négative est prononcée, il est alors clair que le témoignage est sans valeur. « Chanter une chanson, ça ne signifie pas l'avoir composée », de répéter l'avocat de la défense.

Me Biron n'a fait venir que ceux qui ont vu le petit garçon au magnétophone et il essaie d'établir comme un fait évident qu'un enfant a enregistré nos chansons à notre insu [2]. Me Bellehumeur, pas bête, demande dans son contre-interrogatoire de dire le nom de cet enfant.

Personne ne peut le faire. Tom Paradis s'amuse. Il sait, lui, que nous n'avons pas réussi à percer l'identité de cet enfant. Voilà pourquoi il rit dans sa barbe chaque fois que Me Biron questionne un témoin au sujet de ce fantôme au magnétophone. Au lieu de se sentir nerveux, il jubile ! « Tu ne perds rien pour attendre, Tom Paradis. Dans quelques heures, c'est moi qui arborerai [3] le sourire de la victoire. »

Puis c'est au tour de mon père de venir témoigner. Me Biron lui a instamment [4] demandé de s'en tenir à des réponses brèves pour éviter de se compromettre devant la partie adverse.

1. **Il revient à** : il incombe à.
2. **À notre insu** : sans que nous le sachions.
3. **Arborer** : montrer avec fierté.
4. **Instamment** : avec une sollicitation pressante.

Il affirme que j'ai écrit les chansons sur son ordinateur. *Live in the dark* a été rédigée en février ou mars. Quant à préciser la date exacte, il ne pourrait pas...

Devant ces réponses floues [1], la partie adverse se réjouit. Car dans l'esprit de l'avocat de la défense, et peut-être aussi dans celui du juge, la victoire est acquise. Or, il ne reste plus aucun témoin à l'exception du dernier, Martin Simard, que M^e Biron veut faire venir à la barre.

La défense s'y oppose, considérant que cet individu, dont la fonction est celle d'être un expert en informatique, n'a rien à faire dans le procès. À dire vrai, M^e Bellehumeur n'a aucune idée du rôle qu'il peut jouer dans le procès. Il s'en méfie donc comme de la peste.

— Monsieur le juge, dit M^e Bellehumeur, je ne vois pas ce qu'un expert peut changer dans cette affaire. D'autant .plus, monsieur le juge, que la preuve que nous avons déposée concerne un copyright qui n'a pas été produit par un ordinateur.

Et avec toute l'autorité que lui confère son rôle, il affirme que la cause est entendue [2] :

— Mon client, Tom Paradis, a fait parvenir au Bureau du droit d'auteur et des dessins industriels, en date du 24 octobre 1993, la formule portant le numéro 10 et intitulée « Demande d'enregistrement du droit d'auteur sur une œuvre non publiée », demande accompagnée d'une feuille manuscrite sur laquelle apparaissaient les paroles et la musique de la chanson. Je ne comprends pas, monsieur le juge, pourquoi il faudrait entendre un expert pérorer [3] sur des questions informatiques.

Le juge interrompt l'avocat de la défense.

1. **Flou** : vague.
2. **La cause est entendue** : la cause est claire, évidente.
3. **Pérorer** : parler longuement.

— Étant donné que le litige porte sur un texte qui a été écrit, selon la poursuite, à l'aide d'un ordinateur, je considère que la présence d'un expert en informatique à titre de témoin est recevable. J'aviserai [1] de la pertinence de son témoignage après avoir entendu l'expert en question.

Et alors, enchanté de la décision du juge, Me Biron fait approcher M. Martin Simard. Il lui fait décliner d'abord ses nom et adresse, titre et fonction (il est spécialiste en programmation), puis ensuite, il passe aux questions.

— M. Simard, avez-vous eu l'occasion de voir l'appareil qui appartient à M. Serge de Vertefeuille, le père d'Alexandre ?

— Oui, répondit M. Simard.

— De quel genre d'appareil s'agit-il ?

— D'un Macintosh SE avec disque dur de quarante méga-octets. Il s'agit d'un modèle courant dont je peux déposer le numéro de série.

Et Me Biron demande à M. Simard de remettre au juge une fiche sur laquelle apparaissent le numéro de série du modèle et les différentes caractéristiques dudit modèle [2]. Le tout est accompagné d'un affidavit [3] signé par un témoin assermenté [4] certifiant l'absolue vérité des faits rapportés. Puis il passe aux questions capitales.

— Dites-nous, M. Simard, est-il vrai que lorsqu'on utilise un ordinateur Macintosh, on peut connaître la minute, l'heure, le jour, le mois, l'année où chaque document a été produit à partir de cet appareil ?

On entend aussitôt un « Objection, votre Honneur ! » de la part de l'avocat de Tom Paradis, mais le juge le prie instamment de

---

1.  **Aviser** : réfléchir avant de prendre une décision.
2.  **Dudit modèle** : du modèle dont on vient de parler.
3.  **Affidavit** (m.) : (latin) déclaration.
4.  **Assermenté** : qui a prêté serment, qui a juré devant le tribunal.

laisser le témoin poursuivre ses explications. Martin Simard répond :

— En effet. L'ordinateur Macintosh a la particularité d'indiquer automatiquement la date de création de tous les documents qu'il mémorise.

— Est-ce l'utilisateur qui doit faire cette opération ?

— Non, absolument pas. Le logiciel interne inscrit les données dès l'instant où l'utilisateur attribue un titre au document produit.

— Cela signifie-t-il que si je compose une chanson, par exemple *Live in the dark*, je peux nécessairement connaître le moment précis où elle a été écrite et mémorisée par l'ordinateur ?

— C'est exact.

— Est-il difficile d'obtenir les informations sur les dates de production d'un document ?

— L'opération est très simple. Il suffit de pointer le document à propos duquel on veut les informations puis de se rendre à la rubrique « Fichier » et finalement de pointer « Lire les informations ». Alors apparaîtront, entre autres choses, la date de création du document et la date des dernières modifications qui y ont été apportées.

— M. Simard, avez-vous fait une vérification sur l'appareil qu'a utilisé Alex ?

— Oui.

— Avez-vous vérifié la date de création de la chanson en question ?

— Oui.

— Quelle était cette date, M. Simard ?

— Le 4 février 1993, à 21 h 29.

— Cette date aurait-elle pu être modifiée par Alexandre de Vertefeuille ou par quelqu'un d'autre, M. Simard ?

— Non.

— Est-ce à dire que si on avait demandé à quelqu'un de trafiquer cette date, cette personne aurait été incapable de le faire, du moins en utilisant les moyens habituels des programmeurs ?

— En effet.

— M. Simard, voulez-vous remettre à Monsieur le juge copie de votre expertise ?

M. Simard s'exécute [1] pendant que l'avocat de Tom Paradis tente à coups de « Objection, votre Honneur ! » de faire reconnaître comme inadmissible le témoignage de M. Simard.

Le juge veut cependant un supplément de preuve. Il demande à M. Simard s'il peut vérifier *de visu* [2] ses affirmations. M. Simard se plie avec d'autant plus de grâce à cette requête qu'à la suggestion même de Me Biron, il s'est muni d'un ordinateur. Le spécialiste lui fait alors une démonstration si éclairante sur la question des dates que le juge estime tout à fait recevable son témoignage.

Du coup, la vapeur est renversée, car si Monsieur le juge accepte ce témoignage, cela signifie qu'il pourrait admettre que j'ai écrit la chanson le 4 février 1993, c'est-à-dire huit mois avant le dépôt légal fait par Tom Paradis.

Pour la partie adverse, c'est la déconfiture [3]. Tom Paradis fulmine [4]. Il est tout en sueur. Car ses arguments sont maintenant durement affaiblis, peu importe ce que tentera son avocat. Et il voit s'envoler une fortune sous ses yeux. Tout ça à cause d'un maudit ordinateur qui a déjoué [5] ses plans. Il enrage.

De notre côté, c'est la joie. Mélanie, Jean-François et Bruno découvrent tout à coup que Me Biron a enfin trouvé la combinaison qui nous ouvre le coffre-fort où sont entassés [6] des milliers de dollars. Personne, bien sûr, ne sait que cette preuve est née dans mon cerveau. Pour l'instant, c'est sans importance.

---

1. **S'exécuter** : faire ce qui a été demandé.
2. **De visu** : (latin) de ses propres yeux.
3. **Déconfiture** (f.) : (fam.) échec, défaite totale.
4. **Fulminer** : laisser exploser sa colère.
5. **Déjouer** : faire échouer, rendre inefficace.
6. **Entasser** : accumuler.

De toute façon, ils le sauront bien assez tôt. Je n'ai pas l'habitude de taire mes performances !

\* \* \*

Comment ne pas jubiler ? La plaidoirie [1] de M<sup>e</sup> Biron est un chef-d'œuvre de logique et de rhétorique. Le juge est subjugué. La victoire, c'est évident maintenant, est dans la poche.

M<sup>e</sup> Biron en rajoute et demande que les droits d'auteur nous soient intégralement restitués, et que nous recevions, en guise de dommages exemplaires, une somme compensatoire de 10 000 $ ou, à défaut de paiement, qu'une peine de prison soit imposée à l'usurpateur en raison de la gravité de son crime.

Le crime est d'autant plus grave, souligne M<sup>e</sup> Biron, qu'il a été commis à l'encontre de personnes mineures (c'est nous, ça !). Monsieur le juge lui-même ne peut s'empêcher d'opiner [2] de la tête aux demandes de M<sup>e</sup> Biron. Il faut voir la binette [3] de Tom Paradis ! Un charme, un plaisir, une jouissance de le regarder se décomposer à vue d'œil.

Son avocat a beau s'enflammer, il n'arrive pas à être convaincant. Il tente par tous les moyens de mettre en doute la validité de la preuve fournie par la poursuite, mais sa plaidoirie tombe à plat. Quant à moi, je ris intérieurement en voyant, en pensée, Tom Paradis les mains rivées aux barreaux de sa prison, fixant l'horizon et rêvant de liberté. J'en suis ravi. Il nous a assez fait souffrir. Qu'il moisisse [4] dans son trou.

 Bientôt nous serons riches. Peut-être même célèbres. Il y a au moins une justice sur terre !

---

1. **Plaidoirie** (f.) : discours de l'avocat pour défendre l'accusé ou soutenir une cause.
2. **Opiner de la tête** : exprimer son accord par un mouvement de la tête.
3. **Binette** (f.) : (pop.) visage, tête.
4. **Moisir** : se détériorer à cause de l'humidité ; (fig.) rester longtemps dans le même lieu, inactif et improductif.

# Chapitre 7

## Un long baiser...

Y ABADABADOU ! Nous avons gagné notre procès. Le juge Théberge a décidé de retenir la preuve fournie par Martin Simard. Du même coup, il considérait frauduleux les agissements de Tom Paradis malgré ses prétentions légales.

Le juge Théberge développa son argumentation ainsi :

— Preuve est faite que le texte *Live in the dark* a été l'objet d'une première composition datée du 4 février 1993. On peut, en outre, supposer que la musique a été rédigée au cours de cette période ou pendant les mois qui ont suivi. Or le dépôt légal de M. Tom Paradis est daté du 24 octobre 1993 ou, selon l'accusé de réception, du mardi 26 octobre 1993, soit plus de huit mois et demi après la rédaction du texte d'Alexandre de Vertefeuille.

Le juge Théberge précisa alors sa pensée :

— Lors de la défense, l'avocat de M. Paradis n'a pas réussi à démontrer, hors de tout doute, que M. Paradis a écrit *Live in the dark* avant le 4 février 1993. J'en conclus donc que M. de Vertefeuille est bel et bien l'auteur de la chanson *Live in the dark*.

Sans hésitation, le juge en arriva à sa conclusion .

— On peut en induire [1] que M. Paradis s'est procuré une copie de cette chanson d'une manière frauduleuse, c'est-à-dire en faisant usage en son nom propre d'une création qui ne lui appartenait pas de droit.

« À ce titre, il est coupable de malversation, peu importe que personne n'ait réussi à identifier le jeune garçon qui a enregistré les chansons lors du spectacle donné dans le sous-sol. Car cet élément de preuve, que je ne peux recevoir, ne modifie en rien l'antériorité de la rédaction faite par Alexandre de Vertefeuille de la chanson *Live in the dark* sur les prétentions contraires formulées par la défense. »

Et le juge Théberge termina son jugement en rendant « *hic et nunc* [2], *The Nexxtep* propriétaire de tous leurs droits sur cette chanson ». Et il ajouta :

— M. Paradis devra remettre au groupe *The Nexxtep* les redevances [3] et bénéfices déjà reçus sur cette chanson et renoncer à toute prétention sur tous ceux à venir. De plus, en accord avec la poursuite, M. Paradis est sommé [4] de payer en dommages exemplaires la somme de 10 000 $ ou, à défaut de se conformer à cette sentence, de faire un an ferme de prison.

\* \* \*

M<sup>e</sup> Biron était tellement satisfait du jugement qu'il nous a tous invités au restaurant.

À peine étions-nous installés à notre table au *Grandiflora*, rue Querbes, que les journalistes s'amenaient pour nous interviewer et nous photographier. Une fois la surprise passée, M<sup>e</sup> Biron

---

1. **Induire** : conclure.
2. **Hic et nunc** : (latin) ici et maintenant.
3. **Redevance** (f.) : somme à payer à échéances déterminées.
4. **Sommé** : obligé.

nous a expliqué qu'il avait engagé une agente de presse pour mousser [1] notre publicité. Elle s'appelle Nicole Pépin.

— Ce procès, c'est une bombe. Tous les journaux du monde vont en parler si nous savons comment nous y prendre [2]. Nicole et moi avons tout mis en œuvre pour que l'information soit diffusée dans la presse écrite et parlée.

Et de fait, il semble que nous sommes devenus les vedettes de l'heure. Imaginez, un groupe de jeunes qui alimente *Indeed* ! Déjà, *The Musician* veut nous consacrer un reportage. C'est ce que Nicole Pépin a confirmé à Me Biron. Alors, ce serait la gloire. Les contrats se remettraient à pleuvoir. Quand je pense au désert que nous aurions pu traverser, je me dis qu'il y a eu un bon Dieu pour nous.

* * *

Après le repas, absolument délicieux, nous avons salué Me Biron puis nous sommes partis à pied dans la rue Van Horne.

Pendant que nous marchions, je songeais qu'il n'y avait pas si longtemps, nous avions parcouru à peu près le même trajet dans le même état d'esprit un après-midi d'automne. Nos rêves s'étaient réalisés. Pas comme nous l'avions prévu, c'est sûr, mais lequel d'entre nous aurait pu penser un seul instant que nous aurions intenté des poursuites contre un certain Tom Paradis pour vol et vente illégale de chansons au groupe *Indeed* ?

J'étais ainsi perdu dans mes pensées quand, au coin de la rue Stuart, Jean-François et Mélanie se sont arrêtés. Ils semblaient hypnotisés, aimantés. Puis, lentement, leurs têtes se sont rapprochées et ils se sont donné un long baiser.

Devant le spectacle qui m'était offert, moi aussi j'ai stoppé sec, estomaqué [3] de voir avec quelle passion ils s'étreignaient. Il y

---

1. **Mousser** : (fig.) mettre en valeur, gonfler.
2. **Comment s'y prendre** : comment faire.
3. **Estomaqué** : (fam.) surpris, consterné, scandalisé.

avait tant de beauté et d'amour dans leurs gestes que j'étais tout remué.

Voir des amoureux me rend toujours heureux. Cette fois-ci, ce n'était pas tout à fait le cas. J'avais le sentiment qu'on me volait l'affection de Mélanie. Car tant et aussi longtemps que la vie amoureuse de Mélanie m'était restée cachée, j'étais pour ainsi dire immunisé contre la jalousie. Mais de la voir fondre dans les bras de mon copain Jean-François me laissait pantelant [1].

Qu'ils arrêtent, bon Dieu !

Ils n'arrêtaient pas. Ils se mangeaient des lèvres avec une voracité qui me rendait fou.

Oui, j'étais jaloux.

Je sais que je n'aurais pas dû l'être. J'avais tout fait pour qu'il n'arrive rien entre Mélanie et moi. J'avais trop peur qu'elle me tienne en laisse comme un toutou, qu'elle fasse de moi son petit caniche. Mais, dans le fond de mon être, caché bien creux, il y avait un amour qui n'osait pas pointer son museau.

Ce soir, je savais tout à coup que j'avais toujours voulu être l'amoureux en titre [2] de Mélanie, je voulais, encore plus que Jean-François, poser mes lèvres humides sur les siennes.

Soyez assurés que j'aurais su quoi faire. J'aurais joui de son souffle chaud, de ses mots doux susurrés dans le canal de mes oreilles et du plaisir d'ouïr ses petites plaintes quand j'aurais effleuré les replis secrets et qu'elle aurait chancelé [3].

Il me semble que j'aurais été bien avec elle, que nous aurions été faits pour rouler comme des toupies [4] sur la piste de notre amour. Mais, c'était Jean-François qui perdait la boule [5] pour elle et dont les yeux tournaient fous dans leur orbite.

---

1. **Pantelant** : suffoqué d'émotion.
2. **En titre** : officiel.
3. **Chanceler** : vaciller avec le risque de tomber ou de céder.
4. **Toupie** (f.) : jouet d'enfant constitué d'une masse conique qui se maintient en équilibre en tournant sur elle-même.
5. **Boule** (f.) : (fam.) tête.

Qu'ils arrêtent, bon Dieu !

Quand ils cessèrent de s'embrasser, ce ne fut pas mieux. Je restai là bouche bée, ne sachant trop quoi dire, gêné devant le fait que j'étais un vil voyeur [1] et incapable surtout d'exprimer le moindre commentaire.

Heureusement, Bruno prit le relais :

— Si je comprends bien, ça marche fort entre vous deux.

Comme à son habitude, Jean-Francois demeura silencieux. C'est Mélanie qui répondit :

— Oui, très fort.

— Mais depuis quand ? demanda Bruno.

— Au moins un mois.

— Et pourquoi ne pas nous l'avoir dit ?

— Et pourquoi le dire ? répliqua Jean-François.

— Mais parce que vous êtes nos amis.

Mélanie crut nécessaire de s'expliquer :

— Au début, Jean-François et moi, on ne savait pas trop quoi penser. On est restés aussi surpris l'un que l'autre de ce coup de foudre qui nous tombait dessus. Vous connaissez Jean-François. Avec lui, tout se passe dans le non-dit.

Elle se tut elle aussi, puis elle ajouta :

— On a donc tenu nos amours secrètes jusqu'à aujourd'hui. Puis voilà qu'au coin de cette rue, sans même qu'on y ait réfléchi, on a décidé de vous le faire savoir de la façon la plus visible. Je veux que vous sachiez que j'aime Jean-François comme je n'ai jamais aimé qui que ce soit dans toute ma vie.

Jean-François n'a rien ajouté. Il était là, collé sur Mélanie. Sa présence disait tout. Son corps criait qu'il était plus amoureux encore que Mélanie. Et je me suis mis à l'envier, à trouver que le silence est peut-être une arme amoureuse encore plus efficace que la parole.

---

1. **Voyeur** (m.) : personne qui observe avec complaisance et sans être vu, perverti.

Mélanie avait trouvé en Jean-François l'oreille la plus attentive qu'il lui ait été donné de rencontrer. Car Jean-François avait toujours été totalement disponible pour tous, constamment prêt à s'oublier pour le bénéfice de ceux qu'il aimait. À n'en pas douter, c'est ce qui avait séduit Mélanie. Elle avait enfin trouvé celui qu'elle cherchait depuis si longtemps.

À mesure que je réfléchissais, la paix revenait en moi. Je songeais que Mélanie serait probablement plus heureuse avec Jean-François qu'avec moi.

Et puis, si je voulais être honnête, la brûlure que me causaient ces baisers tenait plus au fait que Mélanie ne m'ait pas préféré à Jean-François. C'était mon orgueil qui en prenait pour son rhume [1], pas l'amitié que j'avais toujours portée à Mélanie.

Et spontanément, je m'approchai du couple. Les mots sortirent de ma bouche sans que je les aie véritablement agencés [2].

— Vous voulez savoir ce que je pense ? Je suis très content que ça marche fort entre vous deux. Je vous souhaite d'être heureux.

Et alors, je me suis approché de Mélanie et de Jean-François, je les ai pris tendrement dans mes bras et je leur ai dit que j'étais vraiment content pour eux.

Après cette marque d'affection, nous avons continué en silence notre marche, heureux sous les étoiles. Rendus au coin de la rue Antonine-Maillet, je les ai quittés tous les trois en leur souhaitant une très belle nuit.

Et je me suis dirigé vers ma maison en me disant que, décidément, les choses tournaient bien pour nous tous. Est-ce que ça allait durer ? Je le souhaitais de tout cœur. Et alors, sans même m'en rendre compte, je me mis à fredonner les paroles de *Live in the dark*...

---

1. **En prendre pour son rhume** : être victime d'un événement fâcheux, subir une humiliation.
2. **Agencer** : organiser, composer en harmonie.

# A C T I V I T É S

## Comprendre le texte

**1.** Écoutez l'enregistrement (pp. 120-126) et complétez :

Au procès Tom a un air ............................. : il est
............... sûr de son succès. Même son avocat,
Me ..............., est persuadé que désormais l'affaire est
............................. mais il lui .............................. à
l'oreille de prendre une attitude plus ............... pour ne
pas irriter le ............... Théberge. Le procès commence
par la lecture des ............... ..............., ensuite il faut
citer les noms de tous, y ............... ceux des ............... .
Me Biron est chargé de cette ............... en sa qualité
d'avocat ............... ; il devra aussi expliquer en quoi il y
a eu ................ . Il ............... à la partie ............... de
prouver que l'accusation est ............................. . Tous
les jeunes qui passent à la ............... des témoins sont
persuadés que nous sommes les auteurs de la
chanson, mais il n'y a pas de preuve ................ . Leur
............... est donc sans valeur. Il est évident que
quelqu'un a enregistré nos chansons à notre ...............,
mais l'identité de ce garçon reste un mystère. Tom
jubile, mais bientôt c'est moi qui ............... le sourire
de la victoire.

## 2. À la barre des témoins.

Après les jeunes admirateurs, c'est le tour de deux
autres témoins.

- Qui sont-ils ?

- Que doivent-ils faire avant de témoigner ?

- Comment sont leurs réponses ?

- La partie adverse était au courant de la présence de
  ce témoin ? Comment réagit-elle ? Quelle raison
  donne l'avocat Bellehumeur ?

**L'ordinateur.**

M. Simard fait une description précise de l'ordinateur utilisé par Alex ainsi que du système d'enregistrement des données et d'accès aux informations.

Après avoir écouté l'enregistrement (pp. 123-124) complétez son témoignage en utilisant le lexique approprié :

Il s'agit d'un ............... SE doté d'un ............... de quarante ............... qui permet d'enregistrer automatiquement la date et l'heure précise de ............... de tous les documents qu'il ................. . C'est le ............... interne qui inscrit les ............... dès qu'on attribue un titre au document produit. Pour retrouver les informations, il suffit de ............... le document et de passer à la rubrique « ............... » : on obtient ainsi la date de création et la date des dernières modifications. Il est impossible de trafiquer les dates avec les moyens habituels des ................

**Les réactions.**

- L'expertise de M. Simard renverse la situation. Quelle preuve fournit-elle ?

- Comment réagissent les deux parties ?

- De quelle manière intervient alors Me Biron ?

- Qu'est-ce qu'il demande à la cour ?

- Qu'arrivera-t-il à Tom s'il ne paie pas ?

**3. Dénouement.**

La décision du juge Théberge

    **a.** condamne Tom à un an de prison ☐
    **b.** est en accord avec l'accusation ☐
    **c.** est en accord avec la défense ☐

Me Biron est tellement content qu'il invite

- **a.** des journalistes au restaurant ☐
- **b.** Nicole Pépin au restaurant ☐
- **c.** *Nexxtep* au restaurant ☐

## Il a aussi

- **a.** engagé une agente de presse ☐
- **b.** engagé des photographes ☐
- **c.** vendu un reportage à la télévision ☐

## Nicole Pépin doit

- **a.** interviewer et photographier *Nexxtep* ☐
- **b.** tenir les contacts avec la presse ☐
- **c.** faire de la publicité à *Nexxtep* ☐

## Ils sont devenus les vedettes de l'heure et

- **a.** les contrats se remettent à pleuvoir ☐
- **b.** une revue musicale va leur dédier un reportage ☐
- **c.** ils ont vendu leurs chansons à *Indeed* ☐

## 4. Un nouveau coup de théâtre.

### À la sortie du restaurant

- **a.** ils ont refait le même trajet qu'à l'aller ☐
- **b.** ils ont refait le même trajet que quelques mois auparavant ☐
- **c.** ils se sont séparés ☐

### Mélanie et Jean-François

- **a.** s'embrassent dans la rue ☐
- **b.** tombent amoureux ☐
- **c.** ont abandonné leurs amis ☐

### Alex

- **a.** se sent humilié et jaloux ☐
- **b.** dit à Mélanie qu'il est toujours amoureux d'elle ☐
- **c.** croit que Mélanie ne sera pas heureuse avec Jean-François ☐

**5. Après la surprise, Alex essaie de comprendre.**

- Depuis combien de temps dure cet amour ?
- Les autres s'en sont-ils aperçus ? Pourquoi ?
- Quelle est la caractéristique principale de Jean-François ?
- Qu'est-ce qu'il a su offrir à Mélanie ?
- L'attitude d'Alexandre se modifie progressivement. Est-il vraiment amoureux de Mélanie ? Pourquoi parle-t-il d'orgueil blessé ?
- Que pense-t-il après un moment de réflexion ?

## Apprendre la langue

**1.** Repérez dans ce chapitre tous les mots et expressions appartenant au domaine juridique.

**2.** Choisissez la définition qui convient :

*Marcher sur des roulettes*

    **a.** risquer de tomber à tout instant     □
    **b.** avancer rapidement     □
    **c.** avancer sans difficulté     □

*Regarder quelqu'un de haut*

    **a.** quelqu'un de grand     □
    **b.** avec dédain et arrogance     □
    **c.** d'une certaine hauteur     □

*La vapeur est renversée*

   **a.** la situation a complètement changé ☐

   **b.** la situation évolue rapidement ☐

   **c.** il y a des nouveautés ☐

*Rouler comme des toupies sur la piste*

   **a.** s'entendre à merveille ☐

   **b.** se fatiguer rapidement ☐

   **c.** s'étourdir ☐

*Tomber à plat*

   **a.** s'aplatir ☐

   **b.** devenir inutile ☐

   **c.** être un échec complet ☐

*Rester bouche bée*

   **a.** la bouche fermée, incapable de parler ☐

   **b.** la bouche ouverte de stupeur ☐

   **c.** avec un grand sourire de satisfaction ☐

## Réfléchir et approfondir

**1.** Alex cite un proverbe célèbre : « Rira bien qui rira le dernier ». Pourquoi ?

**2.** À votre avis, que pense le juge Théberge de toute cette affaire avant la déposition de M. Simard ?

**3.** La jalousie d'Alex est-elle justifiée ? Qu'auriez-vous fait à sa place ?

**4.** Alex avoue que pour un instant il a envié Jean-François et que le silence est peut-être une arme plus efficace que la parole. Êtes-vous d'accord ?

# Le Canada

Alexandre vit à Montréal, principale ville du Québec et deuxième ville francophone dans le monde, après Paris. Le Québec est une province du Canada ; la majorité des Québécois (83%) sont francophones, alors que dans le reste du Canada la population est surtout anglophone.

# FICHES DÉCOUVERTE

## Le pays

Pour mieux connaître ce pays lointain, cherchez-le dans votre atlas et complétez cette fiche à l'aide d'une encyclopédie ou de votre livre de géographie :

---

CANADA

Superficie totale du Canada ............
km$^2$

Nombre total d'habitants .............

Forme de gouvernement ................
.....................................

Chef de l'État ......................

Capitale administrative .............

Villes principales ..................
.....................................

Langues officielles .................
.....................................

Devise ..............................

Drapeau .............................
.....................................

Climat ..............................
.....................................

Ressources économiques ..............
.....................................

---

## QUÉBEC

Année de la découverte du Québec par
Jacques Cartier .......................

Position géographique, superficie et
nombre d'habitants ....................
......................................
......................................

Capitale et ville principale ..........
......................................
......................................

Drapeau ...............................
......................................

En quoi le Québec se distingue-t-il
principalement du reste du pays ? .....
......................................
......................................

**Drapeau canadien**

**Drapeau québécois**

# Le français dans le monde

# FICHES DÉCOUVERTE

## La francophonie

Le Québec fait partie de la communauté francophone.

Que signifie ce terme ? Quand est-ce qu'il a été forgé ?
À quelle époque le français a-t-il commencé à se diffuser
dans le monde ?

..........................................................................................

..........................................................................................

..........................................................................................

..........................................................................................

Depuis quand la francophonie est-elle devenue une
réalité solidement organisée ?

..........................................................................................

..........................................................................................

..........................................................................................

..........................................................................................

Combien de pays appartiennent au monde francophone ?

..........................................................................................

..........................................................................................

..........................................................................................

..........................................................................................

Combien de personnes parlent français dans le monde ?

..........................................................................................

..........................................................................................

..........................................................................................

..........................................................................................

## Jean de la Fontaine

En parlant du caractère de sa mère, Alex fait allusion à une fable de La Fontaine, *Le chêne et le roseau*.

Pour mieux connaître cet écrivain français, consultez une encyclopédie ou un livre de littérature et remplissez la fiche suivante :

```
Dates de naissance et de mort  ........
..................................
Il est devenu célèbre surtout pour  ....
..................................
Les titres les plus connus sont  .......
..................................
..................................
..................................
Sauriez-vous résumer en peu de mots les
textes les plus célèbres ?  ...........
..................................
..................................
..................................
La Fontaine s'est inspiré de deux
écrivains classiques.
Un écrivain grec : ...................
Un écrivain latin : ..................
```

*Jean de La Fontaine*

*Le chêne et le roseau*

# FICHE DE LECTURE GLOBALE

**1.** Auteur.

**2.** Titre.

**3.** Publié à ........ en 19........ aux Éditions ......

**4.** Lieu et époque où se déroule l'histoire.

**5.** Narrateur.

**6.** Personnages :

   **a.** Protagoniste.

   **b.** Personnages principaux.

   **c.** Personnages secondaires ou simples figurants servant à introduire un lieu ou un fait nouveau.

   **d.** À propos des personnages ....

     • Quel personnage vous a paru le plus sympathique ? Pourquoi ?

     • Quel personnage vous a paru le plus détestable ? Pourquoi ?

     • Quels sont les personnages négatifs ? Pourquoi ? Quels défauts incarnent-ils ?

# FICHE DE LECTURE GLOBALE

7. Événements principaux.

8. Dénouement et conclusion.

9. À quel genre appartient ce roman ?

   **a.** fiction ☐
   **b.** autobiographie ☐
   **c.** aventures ☐
   **d.** journal intime ☐
   **e.** policier ☐

10. La lecture a été :

    **a.** difficile ☐

    **b.** passionnante ☐

    **c.** ennuyeuse ☐

    **d.** agréable ☐

11. Conseilleriez-vous ce roman à vos camarades ? Pourquoi ?

12. Les faits racontés pourraient-ils se produire dans la réalité ?

13. Vous attendiez-vous à une conclusion différente ? Laquelle ?

14. Quelle scène ou quel fait vous ont frappés davantage ?

**« Vivre dans la nuit »** [Traduction libre]

Quand j'ai besoin d'aide
Et que personne ne vient
Je me sens seul
Pour affronter le monde
Quand j'ai besoin d'amour
Et que personne ne m'aime
Je me sens seul
Et sans secours
Souffrance et douleur
Il faut que je survive
Je me sens si triste
Pendant que les autres s'amusent
Oublie cette vérité
Comme si c'était un mensonge
Essaie de fuir loin
De ta triste Destinée.
*(refrain)*
Je vis dans la nuit
Je vis dans la nuit
Et je ne vois que du noir
Durant tout le jour.

### « **Étouffement** » [Traduction libre]

À cheval
Avec John Wayne
En auto
Avec James Dean
Ce n'est pas différent
C'est du pareil au même
C'est comme toi
C'est comme moi
Ne t'en fais pas
Pas même de cette vérité
Tout le monde veut sa place
Mais chacun passe son chemin.

*(refrain)*

Ils mourront dans la douleur
Totalement insatisfaits
Et rien ne pourra expliquer
Pourquoi eux-mêmes n'en savent rien.

*Live in the dark* et *Limited Sensations* sont deux chansons dont les paroles ont
été écrites par Alexandre Vanasse. Elles ont été revues par Maurice Poteet.
La traduction est de l'auteur.

# Table des matières

NOTES